# 동물에게
# 권리가 있는 이유

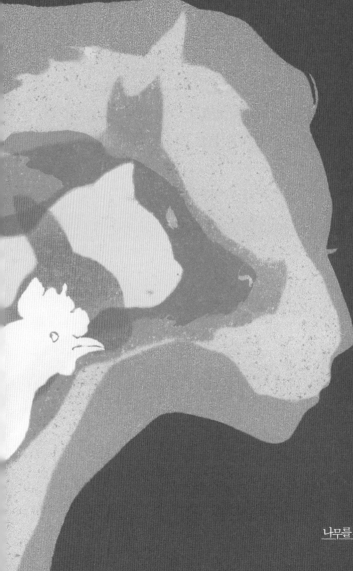

기후 위기 시대,
동물과 더불어 살아가는 법

김지숙, 고경원, 김산하, 김나연, 이형주 지음

동물에게 권리가 있는 이유

나무를심는사람들

# 동물이 사람을 만든다

**김성호**(한국성서대 사회복지학과 교수)

인간에게 인권이 있듯이 동물들에게도 권리가 있을까
요? 애완동물이라고 불리던 반려동물이 어느새 우리의 거
실과 침대까지 들어와 가족이 되었고, TV와 SNS에는 예
쁜 동물 영상이 넘쳐 납니다. 반면 같은 시간에 동물 유기
와 학대가 자행되고 있으며, 반려동물은 사랑하지만 치킨
과 삼겹살을 즐겨 먹기도 합니다. 이런 모순들을 어떻게 바
라봐야 할까요?

"사람은 책을 만들고, 책은 사람을 만든다"는 명언이 있
습니다. 사람이 책을 만드는 것은 당연한 일이지만, 책이
사람을 만든다는 말은 아마도 사람이 독서를 통해 많은 것
을 배운다는 뜻이겠지요. 책이 사람을 변화시키듯, 동물도
사람과의 상호 관계 속에 존재하며 영향을 미칩니다.

이 책은 인간의 언어를 사용하지 않는 동물들이 우리 인
간에게 말하고자 하는 바를 다섯 전문가의 글을 빌려 전달

하고 있습니다. 그래서 저는 이 책을 동물들이 만든 책이라고 평가하고 싶습니다.

동물 뉴스 전문 기자 김지숙 님은 인간을 친구로 '선택'하고 가장 오랜 시간 동안 함께 지내 온 개를 함부로 '생산'하여 사고팔고 먹기까지 하는 가려진 현실을 생생하게 고발합니다. 특히 천연기념물로 지정된 국견 '진돗개 쇼'의 이면에 숨겨진 진실은 우리가 미처 몰랐던 문제들을 생각해 보게 합니다.

사진만 봐도 심쿵 하게 되는 아기 고양이를 보면 데려다 키우고 싶은 마음이 듭니다. 그런데 작가 고경원 님은 평생을 책임질 수 없다면 함부로 시작하지 말라고 하며 아깽이, 길고양이, 그리고 '묘르신' 스밀라의 이야기를 통해 미묘한 매력을 가진 고양이들을 잘 돌보는 방법을 알려 줍니다.

야생 동물학자 김산하 님은 독자들을 몇몇 야생 동물의 세계로 초대하여 그들을 복잡하고 다양한 생태의 그물망 속에서 다시 볼 수 있도록 안내합니다. 여의도보다 넓은 면적의 서식지가 필요한 수달, 억울하게 유해 동물로 지정된 멧돼지, 도심에 집을 짓는 황조롱이, 그리고 멸종 위기 어류 꾸구리의 스토리는 시간 가는 줄 모르고 빠져들게 합니다.

동물권 활동가 김나연 님은 방송 촬영 중 사망한 경주마 마리아주, 산불 피해를 입은 큰 메리와 작은 메리, 돌고래 쇼에 희생된 화순이, 관광 산업에서 구조된 코끼리들의 이야기를 전하며 우리가 동물을 대하는 방식은 개개인이 어떻게 동물을 바라보고 관계를 맺는지에 달려 있음을 알려 줍니다.

동물 보호 활동가 이형주 님은 지구상에 가장 숫자가 많은 포유류인 농장 동물, 동물원과 체험 시설의 전시 동물, 그리고 실험동물의 목소리를 전달합니다. 당장 모두가 비거니즘을 실천하긴 어렵겠지만 이들의 목소리에 귀를 기울이고 그들이 처한 현실을 알게 되는 만큼 변할 수 있습니다.

이 책은 우리가 외면했거나 생각지 못했던 동물들의 이야기를 전하며 기후 위기 시대에 동물과 더불어 조화롭게 사는 방법을 찾아가는 길을 열어 줍니다. 쉽게 읽히면서도 어떤 전문 서적보다 더 깊은 울림이 있는 이 책을 가까이 두고 여러 번 꺼내 읽으며 동물들과 대화를 나눠 보시기 바랍니다.

차례

## 동물의 본래 모습

**야생 동물** 김산하(야생 영장류 학자, 생명다양성재단 사무국장)

## 우리가 반려동물이라고 말하는 이유

**동물 보호** 김나연(동물권행동 카라 홍보팀장)

# 동물이 '살 만한 삶'을 누리는 것

**동물 복지** 이형주(동물복지문제연구소 어웨어 대표)

인간을 '친구'로 선택한 동물

# 개

**김지숙**(한겨레신문 애니멀피플 기자)

대략 1만 2000년 전 인간을 친구로 '선택'한 동물이 있습니다. 도대체 어떤 이유로, 어떤 과정을 거쳐 이들이 인간과 어울리기로 마음먹은 것인지는 정확지 않습니다. 다만 유럽과 아시아 각지에 살던 야생 무리 중 일부가 인간의 야영지로 다가왔고, 사람이 남긴 음식을 얻어먹으며 사냥을 돕기 시작했죠.

　인간들은 청력이 뛰어난 데다 민첩하고 무리를 보호하려는 본능이 있는 이 동물을 길들이기 시작합니다. 사실, 길들였다는 건 인간의 착각일지도 모릅니다. 야생 늑대가 왜 인간에게 다가왔고 어떻게 개로 가축화되었는지는 여전히 수수께끼니까요.

# 인간의
# 가장 친한 친구, 개

이렇게 태곳적부터 시작된 개와 인간의 관계는 다른 종에서는 찾아볼 수 없을 정도로 친밀하고 특별한 사이로 자리 잡게 됩니다. 18세기 프로이센 왕국의 프리드리히 2세의 말마따나 개는 아주 오래전부터 '인간의 가장 친한 친구'였던 것이지요.

이런 개와의 우정이 크게 달라진 사건이 있습니다. 바로 19세기 후반 시작된 '품종 열풍'인데요. 당시 영국 귀족들은 자신의 개가 평민들의 개보다 뛰어나고 훌륭하다는 걸 증명하고 싶어 했대요. 너도나도 '자신의 개를 만들기'에 열중합니다.

개를 만들다니 이상한 말이라고요. 얼핏 들으면 그렇습니다. 하지만 실제로 당시 영국인들은 자신이 원하는 특정한 외모, 크기, 기질을 지닌 개를 만들기 위해 인위적으로 개를 선택해 번식시켰습니다.

예를 들어 몸집이 작고 곱슬거리는 털을 가진 개를 원한다면 그런 겉모습이 잘 드러난 개들만 골라 번식하는 것입니다. 몇 세대를 거치자 짧은 다리, 동그랗고 커다란 두상, 긴 허리, 납작한 주둥이 등 그들이 원하는 외양이 두드러지는 개들이 태어나기 시작했습니다. 하지만 이런 모습을 얻기 위해 가까운 유전자끼리 번식을 반복하다 보니 특유의 유전병이 생겨나기도 했어요.

이를 우리는 육종(Breeding, 동물을 교배하여 새로운 품종을 만드는 일)이라고 하는데요. 이렇게 육종된 개들은 켄넬 클럽(Kennel Club, 품종견들의 혈통을 관리하는 단체)에 새로운 종으로 등록이 됐고, 도그쇼Dog Show에 나가 각자의 외모를 뽐내기 시작합니다.

우리 주변에서 자주 볼 수 있는 몰티즈, 푸들, 치와와, 포메라니안, 웰시 코기 등이 모두 이렇게 탄생한 품종견들이죠. 1885년 미국 켄넬 클럽이 인정한 품종은 19종이었지만, 지금은 약 200여 종에 달한다고 해요.

개들은 더 이상 노동을 주요 목적으로 하는 사냥개, 썰매견, 경비견, 목양견(농장에서 가축을 돌보는 일을 하는 개)이 아닌 애완견愛玩犬이 되어 반려를 목적으로 길러지게 됩니다.

우리나라도 1980년대부터는 경제 상황이 풍요로워지

며 애완견 문화가 생겨나기 시작합니다. 서울 충무로, 퇴계로 일대에 애견 숍(펫 숍)들이 여러 군데 문을 열며 애견 거리가 형성됐죠. 거리의 애견 숍들은 푸들, 요크셔테리어, 코커스패니얼, 몰티즈의 어린 새끼들을 데려와 유리 장 안에 진열하며 강아지를 팔았습니다.

무심코 거리를 걷던 사람들도 진열장 안 작고 귀여운 모습에 이끌려 강아지를 입양하고는 했습니다. 여전히 시골에서는 개를 마당에 묶어 두고 남은 음식을 먹이며 키웠지만, 도시에서는 작은 품종견들을 집 안으로 들이기 시작한 것입니다. 그야말로 대한민국 애견 문화가 형성되던 시기랄까요.

## 펫 숍의 강아지들은
## 모두 어디에서 왔을까?

2000년대 초반 충무로 근처에서 대학교를 다녔던 저도 종종 강아지들을 구경하러 애견 거리를 일부러 지나치며 유리 장을 톡톡 두드리곤 했던 기억이 납니다. 한편으론 저렇게 귀여운 강아지들을 돌보는 직업을 갖는다면 얼마나 좋을까 이런 상상을 하면서 말이죠.

신기하게도 그런 바람은 십여 년이 지난 어느 여름날 이뤄지게 됩니다. 2019년 여름, 서울 시내 두 군데의 펫 숍에서 아르바이트생으로 일할 기회를 얻게 된 것입니다.

한겨레신문의 동물 전문 매체 '애니멀피플'에서 일하게 된 지 반년이 지났을 무렵입니다. 동료 신소윤 기자와 저는 한 가지 궁금증을 가지게 됐어요.

'도대체 우리 곁의 개들은 다 어디서 왔을까?' 산책을 나가도, 카페에 가도 이제는 반려견과 함께 나온 사람들을 보는 일이 어렵지 않습니다. 흔히 요즘을 반려 인구 1500만 명 시대라고 하죠. 농림축산식품부의 통계에 따르면, 2021년 대한민국에서는 개 598만 마리를, 고양이는 258만 마리를 키우고 있는 것으로 조사됐거든요.

이토록 많은 개가 어디서 태어나 어떻게 우리 가정으로 오게 됐는지 경로를 파악해 보기로 했습니다. 우리가 가장 먼저 떠올린 곳은 개들의 어린 모습을 친숙하게 만나 왔던 펫 숍이었습니다.

강아지들은 펫 숍에서 태어난 걸까요? 하지만 그곳에서는 엄마, 아빠 개의 모습은 찾아볼 수가 없었죠. 좀 더

2019년 여름. 잠입 취재 당시 만났던 펫 숍의 어린 강아지들.
강아지들은 태어난 지 40~50일 가량에 이곳으로 와 새 가족을 만나길 기다린다.
사진 한겨레신문 제공

깊이 들여다보기로 했습니다. 제일 먼저 기자의 신분을 감추고 펫 숍에 잠입 취업을 하기로 했습니다.

왜 구태여 신분을 감췄느냐고요? 겉보기에 깔끔하고 화려한 펫 숍은 강아지들이 '전문 견사'라고 불리는 좋은 환경에서 오고 있다고 광고하고 있었습니다. 혹여 이 말에 거짓은 없는지, 밖으로 드러나지 않는 동물 학대는 없는 건지 알아보고 싶었기 때문입니다.

무엇보다 강아지들이 정말 어느 정도 자라날 때까지 어미 개와 함께 지내며 어린 시절을 보내고 '가족'을 만나러 펫 숍으로 오는 건지 알아보고 싶었거든요.

반려동물을 사고파는 국내 상황에서 강아지가 태어나는 곳은 대략 두 군데로 나눌 수 있습니다. 보통 켄넬Kennel이라 불리는 전문 견사가 있고, 개 수백 마리를 평생 좁은 철창에서 키워 강아지 공장Puppy Mill이란 악명을 얻은 번식장이 있습니다.

앞서 살펴봤듯 개를 특정한 품종으로 만드는 것을 육종이라고 했잖아요. 이와 같이 전문 견사를 운영하며 한 견종을 계속 번식하는 사람을 육종가(Breeder, 브리더)라고 합니다. 육종은 개를 원하는 외모로 만들면서 유전 질환을 얻게 한 윤리적 한계가 있긴 합니다만, 수백 년에 걸친 이 과정에서 육종가들은 일종의 전문가로 인정받게 되죠. 이들은 부모견을 여러 세대에 걸쳐 기르며 최대한 부작용을 줄이려는 일정한 기준을 갖고 번식을 합니다.

반면 강아지 공장의 목적은 단 하나입니다. 작고 예쁜 개를 많이 생산하는 것. 그 때문에 좁은 철창에 갇힌 어미 개들은 임신이 잘되게 하는 주사를 맞으며 평생 새끼를 낳는 일만 하게 됩니다. 당연히 산책을 하거나, 보호자와 교감을 하는 시간은 없습니다. 번식장의 열악한 환경은 펫 숍의 상황을 살펴본 뒤 조금 더 자세하게 적도록 하겠습니다.

다시 펫 숍 잠입 취업으로 돌아가야겠습니다. 출근 첫날 저를 가장 놀라게 한 것은 강아지들의 굶주린 모습이었습니다. 당시 서울시 관악구 A 펫 숍에는 태어난 지 40~50일밖에 되지 않은 어린 강아지 30여 마리가 살고 있었습니다.

펫 숍에는 다 자라도 몸집이 크지 않은 견종들만 판매되고 있었습니다. 몰티즈, 푸들, 비숑, 치와와 등입니다. 작은 개를 선호하는 우리나라 유행을 반영한 것이죠. 모두 라면 상자만 한 조그맣고 투명한 유리 장에 갇혀 있었습니다.

펫 숍에 출근해 가장 먼저 하는 일은 밥을 주는 것입니다. 치아가 아직 약한 강아지들은 물에 불린 사료를 먹는데요. 강아지들의 그릇에 주어진 사료의 양은 어른 밥숟가락 1~1.5스푼 정도의 적은 양이었습니다.

강아지들은 밥그릇에 사료가 놓이기가 무섭게 허겁지겁 사료를 삼켰습니다. 오전 10시와 오후 6시, 강아지들은 그렇게 단 두 차례 사료를 먹어야 했습니다. 펫 숍의 사장은 "너무 많이 주어선 안 되고, 저혈당 쇼크가 오지 않을 만큼 주라"고 말했죠. 강아지들이 잘 먹고 너무 자라면 입양이 어려우니 죽지 않을 만큼만 주라는 말이었습니다.

강아지들은 온종일 유리 진열장에 갇혀 잠을 자거나 멍하니 창밖만을 바라봤습니다. 엄마 품에서 한창 장난치고 사랑받아도 모자랄 강아지들이 갇혀 있기만 하니 얼마나 답답할까요.

그러니 펫 숍을 찾은 손님들이 관심을 주거나 잠시나마 점원의 손길을 받으면 어찌나 좋아하던지요. 그마저도 '상품'이 상할까 두려워하는 펫 숍 사장들은 강아지를 유리장에서 거의 꺼내 주지 않았습니다.

불길한 예상도 맞아떨어졌습니다. 제가 일했던 A 펫 숍과 서울 성동구의 B 펫 숍은 모두 홈페이지에는 환경이 훌륭한 전문 견사에서 강아지들을 데리고 왔다고 홍보하고 있었습니다. 그러나 직접 일하며 보게 된 서류와 장면들은 강아지들이 모두 번식장에서 왔다는 것을 말해 주고 있었습니다.

## 뜬장에서 평생 새끼만
## 낳게 하는 강아지 공장

강아지가 번식장에서 온 것이 뭐가 잘못된 일이냐고요? 수의사 선생님들은 강아지가 태어나 3개월까지를 '사회화 시기'라고 합니다. 강아지는 생후 15일~3주째가 되면 눈을 뜨고, 청력이 생기며 스스로 대소변을 보기 시작합니다.

이때부터는 주변 환경을 폭발적으로 받아들이며 무엇이 안전하고 위험한 것인지 습득하죠. 특히, 사회화 민감기인 3주~12주까지 개들은 부모견과 형제들과 지내며 '개로서 자연스러운' 배변과 행동, 표현, 규범 등을 익힙니다.

강아지의 평생 성격과 습관을 좌우하는 아주 중요한 시기라고 할 수 있죠. 적절한 사회화가 이뤄지지 못한 강아지는 분리 불안, 짖음, 식분증(강아지가 자신의 똥을 먹는 증상) 등의 문제 행동을 보일 수 있어요.

그러나 번식장은 강아지의 사회화 시기를 고려하지 않습니다. 강아지가 눈을 뜨고, 젖을 떼기 시작하면 이제 팔려 나갈 준비를 해야 하기 때문입니다.

어리고 귀여울수록 '상품 가치'는 높습니다. 실제로 우리는 강아지들이 펫 숍에 오기 전 거치게 되는 '반려동물 경매장'에서 그 모습을 다시 한 번 확인할 수 있었습니다.

경매장이란 말 그대로 상품이 거래되는 시장을 말해요. 반려동물이 거래되는 시장이 있다니 놀라셨나요. 아마 처음 들어 보는 친구들이 많을 것 같습니다. 이런 반려동물 경매장은 철저히 회원제로 운영되며 외부인의 출입을 막기 때문입니다.

취재를 통해 어렵게 들여다본 경매의 모습은 여느 농산물이나 물건이 거래되는 장면과 다를 바 없었습니다. 차례로 새끼 강아지들을 높이 들어 올려 보이며 가격을 부르면, 사고자 하는 사람들(주로 펫 숍 사장들입니다)이 희망하는 가격에 사 가는 방식이죠.

이렇게 일주일에 1~2회 열리는 경매 시장에서 생후

30~50일이 된 강아지, 고양이가 하루 수백 마리씩 사고팔립니다. 우리나라의 동물보호법은 동물 보호를 위해 생후 2개월 이후의 동물만 거래가 가능하도록 정하고 있지만, 현장에서 이런 법규는 종종 어겨집니다. 강아지들의 사회화가 완성되는 3개월이란 시기 또한 무시되고 맙니다.

어쩌면 이렇게 작고 귀여운 동물에게 우리의 마음이 가는 건 자연스러운 일일지 모릅니다. 곁에 두고 살뜰히 보살펴 주고 싶고, 어려서부터 오직 나만을 따르는 친구를 만들고 싶은 생각일 테니까요. 혹시 그런 생각이 잠시라도 스쳤다면, 이제 우리의 이런 욕망이 만들어 낸 끔찍한 공간인 '강아지 공장'을 더 자세히 살펴봐야 할 것 같습니다.

2013년 영국 웨일스의 강아지 번식장에서 '카발리어 킹 찰스 스패니얼' 종의 개 한 마리가 구조됐습니다. 그의 이름은 '루시'. 구조 당시 루시의 상태는 처참했습니다. 좁고 더러운 철창에 갇혀 6년간 출산을 반복한 루시는 피부병 탓에 털이 군데군데 빠져 있었고, 척추는 한쪽으로 휘어 있었습니다.

본래 중형견에 해당하는 견종이었지만 영양실조 탓에 몸무게는 3.6kg밖에 나가지 않았습니다. 루시를 입양한 보호자는 페이스북을 통해 번식장의 열악한 환경과 그 안에서 고통받는 동물들의 현실을 알려야겠다고 결심하죠.

영국 시민들은 루시를 통해 펫 숍의 귀여운 새끼들이 어디서 오는지 비로소 깨닫게 됩니다. 오직 번식을 위해 일생을 작은 철창에 갇혀 새끼만을 낳는 루시 같은 개들이 있다는 사실도 널리 알려지게 되죠.

시민들은 끔찍한 강아지 공장을 없애기 위해서는 펫 숍이 사라져야 한다고 주장하기 시작했습니다. 수요가 없어야 공급도 줄어들 수 있다는 것을 알았던 것이죠. 그때부터 영국 시민들은 정부에 번식장과 펫 숍의 폐쇄를 위한 법안을 만들 것을 요구합니다.

루시가 세상을 떠난 지 2년 만인 2018년 8월, 영국 정부는 드디어 6개월령 이하의 강아지, 고양이를 펫 숍에서 판매하는 행위를 원천 금지하는 법안을 발표하게 됩니다. 사람들은 이 법안을 루시의 이름을 따 '루시법'Lucy's Law이라고 불렀어요.

영국뿐 아니라 동물권 선진국에서는 번식장에서 '생산'된 동물의 판매를 금지하거나 단계적으로 없애는 추세입니다. 미국 캘리포니아주, 캐나다 온타리오주, 독일 등은 이

"이 포스트를 리트윗하는 사람은 강아지 공장을 없애기 원합니다! 동의한다면 제발 리트윗해 주세요!"

2013년 영국 웨일스의 강아지 번식장에서 구조된 개 '루시'는 영국의 6개월령 이하 강아지, 고양이의 펫 숍 판매 금지 법안을 이끄는 데 큰 영향을 미쳤다.

사진 @lucytherescuecavalier

미 펫 숍에서 개를 사고파는 것을 금지했고요. 프랑스도 2021년 11월에, 2024년부터는 펫 숍에서 어린 개와 고양이를 판매하는 것을 규제하겠다고 발표했습니다.

이들의 결정은 모두 끊임없이 출산과 번식을 반복시키는 강아지 공장을 없애고, 생명을 돈으로 거래하는 문화를 바꾸기 위해서 내려진 것이지요.

우리나라의 상황은 어떨까요? 우리나라도 이미 '사지 말고 입양하자'는 구호가 등장한 지 십여 년이 넘습니다. 펫 숍에서 어린 동물을 입양할 것이 아니라 유기 동물 보호소에서 반려동물을 입양하자는 구호죠.

2016년에는 주말 인기 프로그램인 'TV 동물농장'에서 번식장의 참혹한 실태를 방송해 사회에 큰 충격을 주기도 했습니다. 방송은 '뜬장'이라 불리는 공중에 뜬 철창에서 수십 마리의 개들이 사육되는 현장을 공개했습니다.

바닥에는 배설물이 그대로 남아 있고 녹슨 철창에는 털 뭉치가 그대로 끼어 있었죠. 이런 불결하고 열악한 환경에서 개들은 한 해 1~3회씩 출산을 해야 했습니다. 번식장에서는 인위적인 번식을 위해 약물을 주사한 물품들이 발견됐고, 한 어미 개의 배에서는 불법 제왕절개 수술 흔적이 남아 있었죠. 한국에도 수많은 '루시'들이 살고 있었던 겁니다.

　방송이 나간 뒤 사회적 파장은 컸습니다. 펫 숍이 아예 없어지지는 않았지만 국회에서 동물보호법을 개정해 번식장 같은 '동물 생산업'을 아무나 할 수 없게 법을 강화한 것입니다. 이전에는 신고만 하면 누구나 번식장을 운영할 수 있었지만, 2018년부터는 관청의 허가를 받아 일정한 환경을 갖춰야만 농장을 운영할 수 있도록 바꾼 겁니다.

　그럼 이제 루시 같은 불쌍한 개들은 더 이상 없는 걸까요? 안타깝게도 애니멀피플이 2019년 허가받은 번식장을 찾아갔을 때도 개들이 살고 있는 현장은 그다지 다르지 않았습니다. 조립식 건물을 개조한 농장 내부에는 여전히 뜬장이 설치되어 있었고, 개들은 햇볕 한 줌 제대로 들지 않는 먼지 가득한 철창에 갇혀 있었습니다.

　'합법적인 농장'이라 하더라도 결코 개들이 살기에 적합한 공간은 아니었던 것이죠. 당시 잠입 취재 중이던 우리에게 농장 주인은 강아지를 팔기 위해 노력했습니다. 그 과정에서 난데없이 어미 개가 철창에서 끌려 나오기도 했어요. 사람의 손길을 받을 때라고는 오직 강제 번식 때나 약품을 주사할 때뿐이었을 개는 두려움에 바들바들 떨고 있

2021년 12월 동물 보호 단체 위액트가 경기도 남양주시의 불법 번식장 네 곳을 한 번에 적발했다. 모두 260여 마리의 개들이 구조됐는데 주로 인기 견종으로 분류되는 푸들, 포메라니안, 몰티즈 등이었다.
사진 위액트 제공

었습니다.

어미 개의 품종은 당시 방송에 출연하며 인기를 얻었던 장모 치와와 종이었습니다. 아마도 어미가 낳은 새끼는 밝고 화려한 조명 속 진열장에서 팔리고 있을 테지만, 어미는 목숨이 다하는 그날까지 이곳을 벗어날 수 없을 거라 생각하니 몹시 슬펐던 기억이 납니다.

최근까지도 이러한 번식장의 환경은 크게 달라지지 않은 듯합니다. 2021년 12월에도 동물 보호 단체 위액트가 경기도 남양주시의 불법 번식장 네 곳을 한 번에 적발한 사례가 알려졌습니다. 모두 260여 마리의 개들이 구조됐는데요, 개들은 오랜 감금과 임신, 출산으로 다양한 질환을 앓고 있었죠. 구조견들은 인기 견종으로 분류되는 푸들, 포메라니안, 몰티즈 등의 소형 품종견이 주를 이뤘습니다.

남양주시 불법 번식장을 적발하고 구조에 나섰던 한 활동가는 제게 이렇게 말했습니다. "화려하고 깔끔한 펫 숍의 강아지를 낳은 부모들이 바로 이 구조견들 아닌가요. 사람들은 '우리 개는 아닐 거야'라고 생각하지만, 강아지를 생산하기 위해 개들을 끊임없이 착취하는 현실은 똑같습니다. 번식장의 충격적인 현실을 제대로 알려서 '왜 사지 말고 입양해야 하는지' 많이 알리고 싶어요"라고 말입니다.

작고 귀여운 강아지를 원하는 우리의 비뚤어진 욕망이 수많은 생명들을 지옥으로 내몰고 있다면 우리의 생각을 이제는 바꿔야 하지 않을까요.

## 진돗개 쇼는
## 왜 논란이 됐을까?

우리나라에서 소형 품종견들만큼 사랑받는 개가 또 있습니다. 대한민국 '국견'이라고도 불리는 천연기념물 제53호 진돗개입니다. 진돗개 전문가 윤희본 선생님은 진돗개는 우리나라에서 오래전부터 살던 개들이 자연스럽게 품종이 된 사례라고 해요. 앞서 살펴본 것처럼 인위적으로 생김새와 성격을 만든 개들과는 조금 다르지요.

진돗개는 영리하고 민첩하며 깨끗하고 충성스러운 개로 유명합니다. '진돗개 네댓 마리가 뭉치면 호랑이도 잡는다'는 말이 있을 정도로 용맹스럽기도 하고요. 사실은 호랑이가 백두산뿐 아니라 진돗개의 고향인 진도에서 과거 100여 년 전 살았었기 때문에 전해져 내려온 설화라는 게 설

2021년 3월 동물 학대 논란을 빚은 전남 진도군 '진도개 테마파크'를 찾았다.
당시 누리꾼들은 '진도개 테마파크'가 진돗개에 대한 편견을 부추기고,
진돗개들의 생태에 맞지 않는 공연을 하고 있다고 비판했다.
사진 진도군청 누리집 제공

테마파크의 '진도개 공연'이 시작되자 일곱 마리의 진돗개가 무대에 등장했다.
개들은 바닥으로부터 70~80m 가량 높이에 설치된 대여섯 개의 링을 연달아 뛰어넘는
묘기를 선보였다.
사진 진도개 공연단 제공

득력 있는 설명입니다.

생각해 보면 몸무게가 20kg 안팎의 진돗개가 아무리 용감하더라도, 200kg이 넘는 맹수 호랑이와 싸워 이기다니 조금 부풀려진 것 같잖아요. 그만큼 우리나라 사람들은 진돗개를 좋아하고 특별하게 여기는 것 같습니다.

진돗개는 삽살개, 동경이 등 한국의 토종개 중 가장 먼저 천연기념물이 되었습니다. 이미 1962년에 천연기념물로 지정이 됐고, 진돗개만을 보호하는 '한국 진돗개 보호 육성법'이 있을 정도입니다. 역대 대통령들의 반려견인 퍼스트 도그가 된 진돗개들도 여러 마리였습니다. 박정희, 전두환, 김대중, 박근혜, 문재인 대통령이 진돗개를 키웠으니까요.

전라남도 진도에는 이런 진돗개를 홍보하는 '진도개 테마파크'도 운영 중인데요. 테마파크는 2012년 개장한 이후 매해 3~12월에 진돗개 공연, 장애물 달리기, 경주 등의 프로그램을 운영하고 공원 내에 진돗개들을 전시해 왔습니다.

언뜻 보아서는 별문제가 없어 보입니다만, 2021년 3월엔 조금 달랐습니다. 청와대 국민 청원 게시판에 '진도개 테마파크'를 폐지해 달라는 청원이 올라온 것이죠. 청원을 올린 사람은 "테마파크가 생명을 경시하고 시대를 역행하며, 소리에 예민한 개들을 학대하는 동물 서커스를 하고 있다"고 주장했습니다.

정말 진돗개들은 학대받고 있는 걸까요? 직접 진도에 가 보기로 했습니다. 취재를 떠난 2021년 3월, 남쪽 섬의 봄은 따사로웠습니다. 1만 7000여 평에 달하는 테마파크의 너른 사육장에는 귀여운 새끼 진돗개들과 여러 마리의 성견들이 살고 있었고요. 여행을 온 것으로 보이는 연인이나 가족들이 눈에 띄었습니다. 당시 온라인에서는 이 테마파크를 두고 논란이 뜨거웠지만 외려 테마파크 안은 평화로울 정도였어요.

'문제'의 진돗개 쇼를 볼 차례였습니다. 공연 시간이 가까워지자 조용했던 테마파크 여기저기에서 사람들이 모여들었습니다. 워낙 공원이 넓어 사람이 이렇게까지 많을 거라고는 예상하지 못했는데 관객석은 금방 150여 명의 사람들로 북적였습니다.

공연이 시작되자 일곱 마리의 진돗개가 무대에 등장했습니다. 등장만으로도 관객석에서는 기대감에 찬 어린이의 목소리와 함성이 흘러나왔어요. 개들은 차례로 링 뛰어넘기, 바구니 물고 오기, 그림 그리기 등을 선보였죠.

진돗개 한 마리와 공연단 한 명이 짝이 되어 공연을 펼쳐 보였습니다. 개들은 사람이 총을 쏘는 시늉을 하면 바닥에 엎드리거나 죽는 모습을 '연기'했고요. 지시에 따라 냉장고 문을 열고 빈 생수병을 물어오기도 했습니다. 입에 붓을 물고 고개를 좌우로 돌리며 이젤에 세워진 도화지에 그림을 그리기도 했습니다.

가장 어려워 보이는 공연은 세워진 링 뛰어넘기였습니다. 개들은 바닥으로부터 70~80m 가량 높이에 설치된 대여섯 개의 링을 연달아 뛰어넘는 묘기를 선보였습니다. 묘기가 성공할 때마다 관객석에서는 환호와 함께 박수가 흘러나왔죠.

여러분의 생각은 어떠세요. 개들이 학대 상황에 놓여 있는 걸까요. 고개를 갸웃하는 친구도 있을 것 같습니다. 그럼 같이 한 번 생각해 볼까요.

그림 그리기나 죽음 연기, 링 뛰어넘기는 개라는 동물에게 자연스러운 행동일까요? 혹시 집에서 개를 키우고 있는 친구라면 금방 답할 수 있을 것 같습니다. 자연스러운 상태의 개들은 이런 행동을 하지 않습니다. 방금 설명한 무대 위 행동들은 오직 관객의 즐거움을 목적으로 개들을 훈련한 모습입니다.

'학대'라는 단어가 꼭 물리적인 폭행이나 가해, 방치만을 뜻하는 것은 아닙니다. 동물에게 부자연스러운 행동을 유도하고 생태에 어긋나는 일을 시키는 것 또한 학대로 여겨질 수 있습니다. 물론 '진도개 테마파크' 공연단은 이런 지적에 화들짝 놀라는 것 같았습니다. "오래전부터 해 오던 공연이고 우리가 일부러 개를 학대할 이유는 전혀 없다"는 설명이었죠.

하지만 과거에 아무런 문제가 없었던 것이라도 시대의 흐름에 따라 부적절한 일이 될 수도 있습니다. 시민들의 동물권 인식은 나날이 성장하고 있기 때문입니다. 이제 많은 시민들이 갇힌 동물을 구경하고, 야생에서 잡혀 온 돌고래에게 쇼를 시키는 것을 옳지 않다고 생각합니다. 인간이 인위적으로 해쳤을 동물의 삶을 생각한 것이죠. 그 때문에 동물을 이용한 공연은 좀 더 윤리적일 필요가 있는 것입니다.

더불어 '진도개 테마파크'의 폐지를 청원한 사람들은 단지 공연 내용 때문에 화가 난 것이 아니었어요. 진돗개는 반려견들 중에서도 견종 차별을 많이 겪는 개이기도 합니다. 흔히 진돗개라고 하면 사나운 개, 무는 개 혹은 식용 개로 폄하되고, '집 안에서는 키우면 안 된다'는 잘못된 상식을 말하는 사람도 많습니다. 청원인들은 '진도개 테마파크'가 동물 복지에도 어긋나는 동물 쇼를 해마다 펼칠 것이 아니라, 진돗개들에 대한 편견을 바로잡고 무엇보다 열악한 환경에 있는 진돗개들에게 실질적인 도움을 줘야 한다고 주장한 것이죠.

도대체 진돗개들이 어떤 상황에 놓였기에 이렇게나 분노했던 걸까요. 여태까지 진돗개를 특별하게 여기고 사랑하는 모습을 이야기했다면, 지금부터는 그 이면을 좀 더 살펴봐야겠습니다.

## 먹는 개와 키우는 개가 따로 있을까?

1990~2000년대 초반까지는 소형 품종견들만큼이나 진돗개도 반려견으로 인기가 있었다고 해요. 요즘엔 펫 숍에서 진돗개를 보기 힘들지만 그 시절엔 충무로 애견 숍에서도 아기 진돗개를 팔았다고 하니까요.

그러나 한국의 도시 주거 문화가 달라지며 진돗개는

조금씩 인기를 잃게 됩니다. 아파트, 빌라 등 공동 주택이 일반화되면서 사람들이 중대형견에 속하는 진돗개보다는 조금 더 작은 몸집의 견종을 선호하게 된 거죠.

게다가 앞서 말했던 진돗개의 장점이 외려 단점으로 지적되기 시작합니다. 용감하고 충성스럽다는 말은 반려인만 따른다는 뜻으로 오해됐고, 주변 환경을 빨리 파악하는 영리함은 예민하다는 말로 대체됐어요. 마당에서 살았을 때는 문제가 안 됐던 실외 배변 습관도 키우기 힘든 점으로 꼽히게 됩니다. 점차 진돗개들은 시골의 주택이나 공장 지대, 외딴 농장에서 주로 키워지게 됩니다.

안타까운 점은 이런 환경의 개들은 여느 반려견처럼 사람과 교감하거나 적절한 보호를 받지 못한다는 점이에요. 일부를 제외하고는 공장이나 밭을 지키거나 먹다 남은 음식을 처리할 목적으로 길러지고, 산책 한 번 제대로 못한 채 거의 평생을 짧은 목줄에 묶여 지내게 된 것입니다.

이렇게 개들이 일상에서 멀어지자 사람의 마음에도 이전보다 소중함이 덜했겠지요. 한곳에 묶여 지내며 끊임없는 스트레스에 노출된 진돗개들은 더 예민하고 낯선 이를 경계하는 성격이 되어 갔을 겁니다. 이런 악순환이 반복되며 진돗개들은 쉽게 버려지고, 알지 못할 곳으로 팔려 가게 됩니다.

이쯤에서 매우 슬픈 이야기를 꺼내야 할 것 같습니다. 우리나라는 전 세계에서 몇 안 되는 개 식용 국가입니다. 중국, 태국, 대만, 베트남 등의 국가도 개를 '고기'로 소비했던 나라입니다만 태국과 대만은 2000년대 초반에, 중국은 코로나19 바이러스 확산 이후 2020년 5월에 개 식용 금지를 선언합니다. 우리나라도 과거에 비해서는 개고기를 먹는 사람이 줄었지만 2022년 3월 현재까지도 법으로 금지하고 있지는 않습니다.

진돗개 이야기를 하다가 왜 갑자기 개 식용 문제를 꺼내느냐고요? 이유는 식용 개라 불리는 개들 중에는 진돗개 혹은 진도믹스개(진돗개의 혈통이 섞인 개)들이 많기 때문입니다. 그동안 수많은 학대견, 유기견들을 만나 온 동물 보호 단체 '카라' 전진경 대표는 진돗개를 이렇게 표현합니다. "진돗개는 우리나라에서 가장 사랑받으면서도 가장 학대받는 개"라고요. 동물 보호 활동가들에 따르면 진돗개 혹은 진도믹스개는 개 농장 구조 현장에서 가장 쉽게 만날 수 있는 견종입니다.

2000년대 초반 〈하얀 마음 백구〉라는 TV 만화가 인기를 끈 적이 있습니다. 주인공 '백구'는 실화를 바탕으로 만들어진 캐릭터였는데요. 1993년 진도가 집이었던 진돗개 백구가 대전으로 팔려 갔다가 무려 7개월 만에 300km 거리를 되짚어 집으로 돌아온 일이 있었어요. 당시 백구가 역경을 딛고 집을 찾아온 이야기는 화제가 돼 만화뿐 아니라 게임, 광고에까지 등장하게 됩니다.

그러나 이 이야기에는 숨은 진실이 하나 더 있었어요. 당시 백구가 팔려 간 곳이 다름 아닌 식용 개 농장이었던 것입니다. 당시 백구는 진돗개들이 생후 6개월이 되면 받는 '심사'에 통과하지 못해 섬 밖으로 내쫓겼던 것입니다. 진도군은 토종 진돗개의 혈통을 보존한다는 명목으로 강아지가 태어나면 체형 심사를 하고, 이 시험에서 떨어지면 중성화를 하거나 섬 밖으로 내보내도록 하고 있습니다.

당시만 해도 개고기를 먹는 사람들이 많았으니 백구의 주인은 개를 키우기보다 돈을 받고 파는 걸 선택했던 거죠. 그렇게 '고기'로 팔렸던 영리한 진돗개가 개 농장을 탈출해 집으로 돌아온 것입니다. 벌써 30여 년 전 일입니다만, 안타깝게도 현재까지 진도군의 제도는 변하지 않았습니다.

　진돗개뿐이 아닙니다. 식용 개 농장에서는 다양한 품종의 개들이 발견됩니다. 몸집이 크다는 이유로 키워지는 도사견부터 리트리버나 시베리안 허스키, 그레이트 피레니즈, 사모예드 같은 종이 발견됩니다. 한때는 누군가의 반려견이었을 개들이죠.

　식용 개 농장은 고기를 위해 개들을 번식시키기도 하지만, 이렇게 반려인의 보호에서 벗어난 개들을 빨아들이는 블랙홀이기도 합니다. 진돗개 백구처럼 주인이 더 이상 키우고 싶어 하지 않는다거나 늙고 병든 개, 혹은 새끼가 너무 많이 태어나 모두 기를 여력이 없는 새끼들이 '고기'가 될 수 있기 때문입니다. 식용 개 농장의 문제점은 이뿐이 아닙니다. 이들이 저지르고 있는 동물 학대와 불법은 뒤에서 더 자세히 살펴봐야 할 정도로 심각합니다.

　이런 개 농장을 운영하는 사람들이 주로 주장하는 말이 있습니다. 바로 식용 개와 반려견은 다르다는 것입니다. 정말 그럴까요? 이 주장에 정면으로 어긋나는 최근 사례 두 가지를 전해 드리겠습니다.

　2021년 5월 경기도 남양주시에서 50대 아주머니가 개에게 물려 사망하는 비극적인 사고가 벌어졌습니다. 처음엔 많은 언론이 아주머니를 공격한 개를 '들개'라고 보도했어요. 들이나 산에서 살며 야생화된 개가 사람을 공격했을 것으로 추정한 거예요.

그러나 경찰 수사가 진행되면서 밝혀진 사실은 그 개가 사고 현장 인근의 불법 개 농장에서 탈출한 개라는 것이었습니다. 게다가 개는 과거 보호자가 있었던 파양견이었어요. 최초 보호자가 개를 키울 상황이 안 되자 개를 지인에게 보내 버렸고, 지인도 곧 개를 사겠다는 사람이 나타나 보냈다는 겁니다. 이렇게 수차례 버려진 개는 열악한 식용 개 농장에서 키워지며 사람에 대한 공격성이 커졌을 테고 결국 사람의 목숨을 해치는 일을 벌이게 됩니다.

천연기념물로 관리받는 진돗개가 식용 개 농장에서 발견되는 일도 벌어집니다. 2021년 8월 동물 보호 단체 라이프는 전남 진도군의 한 개 농장에서 개 65마리를 구조하게 되는데요. 그중 11마리가 문화재청의 관리를 받는 진돗개들이었습니다. 문화재로 소중하게 길러져야 할 개들이 식용 개 농장에 개고기로 팔려와 있었던 것입니다.

과연 반려견이 식용 개로 팔리고, 문화재가 고기가 되

2021년 5월 경기도 남양주시에서 50대 아주머니가 개에게 물려 사망하는 비극적인 사고가 벌어졌다. 경찰 수사가 진행되며, 그 개가 사고 현장 인근의 불법 개 농장에서 탈출한 개라는 것이 알려졌다. 당시 개 농장에서는 태어난 지 얼마 되지 않은 강아지들도 여러 마리 발견됐다.

사진 카라 제공

남양주시 개 물림 사고 이후 사고견이 탈출한 개 농장에서 구조된 개 '욱이'.
욱이도 한때 사랑하는 가족이 있던 개였으나 파양된 뒤 개 농장으로 흘러들게 됐다.
욱이는 현재 새로운 반려인을 만나 행복하게 지내고 있다.
사진 카라 제공

는 현실이 이 두 개 농장만의 일일까요? 동물 보호 단체 활동가들은 전국 약 3000여 곳의 식용 개 농장이 이와 비슷할 거라 추정합니다.

또 식용 개 농장에서 태어나 길러진 개라고 해서 여느 반려견과 다를 것도 없습니다. 2014년부터 식용 개 농장에서 꾸준히 개들을 구조하고 있는 국제 동물권 단체 휴메인 소사이어티 인터내셔널HSI은 그간 약 2000여 마리의 개들을 해외로 입양 보냈습니다.

식용 개라는 편견 탓에 국내에서는 가족을 찾을 수 없었던 도사견, 진돗개, 믹스견들도 그곳에서는 행복한 반려견으로 사랑받고 있습니다. 우리가 이미 알고 있다시피, 개는 구석기 시대부터 인간과 함께해 온 동물이기 때문입니다. 개는 수만 년 전부터 인간과 교감하도록 진화해 온 동물입니다. 고기보다는 친구가 더 어울리지 않을까요?

## 개고기를 먹는 건
## 개인의 자유일까?

그럼 사람과 교류가 덜한 동물들은 먹어도 괜찮은 거냐고요? 날카로운 질문입니다. 소, 닭, 돼지 등의 축산물은 먹으면서 사람과 친하다는 이유만으로 개에게만 '특별 대우'를 하는 게 아니냐는 생각이 들 수 있습니다.

개고기 식용을 옹호하는 사람들은 흔히 이런 논리를 이야기합니다. '다른 동물은 다 고기로 먹으면서 개만 먹지 말라는 것은 앞뒤가 맞지 않아' 혹은 '나는 개고기를 안 먹지만, 그래도 정부나 법률이 사람들의 먹는 자유까지 침해하는 건 부당해!'

실제로 개고기 식용을 둘러싼 논쟁은 역사가 깊습니다. 개고기 논쟁이 본격적으로 벌어진 것은 우리나라가 국제적인 행사인 1986년 아시안 게임, 1988년 서울 올림픽을 개최하면서부터입니다. 이전엔 우리나라의 동물 보호 인식도 낮았고 개 식용에 대한 문제의식이 적었지만, 국제 행사를 치르게 되자 세계 여러 나라가 우리의 개 식용을 비판하고 금지해야 한다고 말하기 시작한 겁니다.

해외 여론을 잠재우기 위해 잠시 보신탕집을 단속하기도 했지만, 올림픽이 끝나자 개 식용 금지는 흐지부지돼 버렸죠. 당시엔 '개 식용은 우리나라의 전통문화'라는 생각이 강했습니다. 우리의 역사를 제대로 알지도 못하면서 해외 국가들이 훈수를 둔다는 마음이 있었던 겁니다.

이 논쟁은 지금껏 30여 년간 큰 변화 없이 반복되고 있습니다. 이제 개를 친구, 가족으로 여기는 반려 문화가 확고하게 자리 잡아 개를 '고기'로 생각하는 사람은 적습니다. 그럼에도 논쟁은 여전합니다. 개고기를 문화라고 주장하는 의견과 '먹을 자유'를 법으로 제한하는 것은 옳지 않다는 시각 때문입니다.

저는 이 문제에 완벽한 정답은 없다고 생각합니다. 다만 지금부터 여러분께 알려 드리고 싶은 것이 있습니다. 개고기가 생산되는 환경과 그 안에서 개들이 어떤 위험과 학대에 노출되고 있는가입니다.

개고기가 길러지는 곳을 우리는 개 농장 혹은 식용 개 농장이라고 합니다. 개가 도살돼 고기가 되는 장소는 도살장이라고 합니다. 이 두 곳을 상징하는 물건들이 있습니다. 바로 '뜬장'과 '전기 봉'입니다.

뜬장이란, 개들을 가두는 철제 우리를 말합니다. 왜 뜬장이라고 부르는가 하면 그 사육장은 바닥에 맞닿아 있지 않고 공중에 떠 있기 때문입니다. 굳이 사육장을 땅에 두지 않고 공중으로 올린 이유가 무얼까요?

뜬장의 바닥을 보면 그 이유가 바로 드러납니다. 바닥에는 개들이 싸 놓은 배설물이 층층이 쌓여 있습니다. 개들은 본래 자신이 생활하는 공간에서는 배변하지 않는 습관을 가지고 있습니다. 개들은 잠자리와 밥자리, 화장실을 구분해 청결을 유지하는 습성을 지녔어요.

그러나 개를 '고기'로 사육하는 농장주가 때마다 개를 철창에서 꺼내 배변을 시키거나 철창 안 배설물을 치우는 수고를 들일 리 만무하죠. 그 때문에 갇힌 개들이 배변을 하면 배설물이 성긴 철창 아래로 떨어지도록 철창을 공중에 설치한 것입니다.

농장주에게 편리한 사육장이 개들에게는 잔인한 공간이 됩니다. 일어서면 간신히 제 몸이나 돌릴 만한 작은 공간에서 평생을 살며, 개들이 뜬장을 벗어날 때라고는 죽음을 맞이할 때뿐입니다. 땅바닥이 아닌 뜬장에 24시간 딛고 서 있다 보니 오므려져 있어야 할 개들의 발은 모두 발가락

사이가 넓게 벌어져 있습니다. 관절염이나 피부병, 안구 질환은 물론 심장사상충에 감염되는 등 갖가지 질환에 노출되어 있습니다.

식용 개 농장의 개들을 구조하는 동물 보호 활동가들이 자주 안타까워하는 모습이 있습니다. 바로 뜬장의 철문이 열려도 개들이 스스로 밖으로 나올 생각조차 못하는 것입니다. 농장에서 태어난 개들도, 누군가의 반려견이었던 유기견, 파양견도 철창 밖으로 나가면 죽을 거라는 것을 예감하는 것이죠.

죽음의 순간 또한 잔혹합니다. 전기 봉은 개들을 죽음으로 몰아넣는 도구입니다. 전기 봉은 기다란 막대에 전기선을 연결한 쇠꼬챙이입니다. 도살업자들은 이 도구를 개의 몸 혹은 입안에 넣어 전기를 통하게 해 개들의 목숨을 빼앗습니다.

2021년 동물 보호 단체 '동물해방물결'이 폭로한 경기도 여주시에 있는 개 도살장 2곳의 도살 장면을 보면 이 과정이 얼마나 비인도적으로 이뤄지는지 여실히 드러납니다. 개들은 택배 상자만 한 철 그물망에 서너 마리가 우겨져 도살장으로 실려 옵니다. 전기 봉을 든 도살업자들은 개들을

식용개 농장을 상징하는 물건들이 있다. 바로 '뜬장'과 '전기 봉'이다.
개들은 몸을 제대로 일으킬 수도 없는 작은 철망에 우겨 넣어져 도살장에 끌려온다.
사진 카라 제공

전기에 더 잘 감전시키기 위해 철망 위로 물을 뿌립니다. 그리고 심지어 그물망에서 개를 꺼내지도 않은 채 철망 사이로 전기 봉을 찔러 넣어 개들을 차례로 도살합니다.

몸이 물에 젖은 개들은 바로 옆 동료의 죽음을 두려움에 떨며 지켜보다가 곧 같은 일을 당하게 되죠. 전기에 감전된 개들은 네 다리를 떨다가 몸이 굳어집니다. 동물 단체가 집중 조사를 벌인 2021년 여름 두 달만 해도 이곳에서 죽어 간 개가 200여 마리에 달합니다.

문제는 이러한 전기 봉 도살이 잔인할 뿐 아니라 불법적이란 것입니다. 우리나라 동물보호법은 동물을 '잔인한 방법으로 죽음에 이르게 하는 행위'와 '같은 종류의 다른 동물이 보는 앞에서 죽음에 이르게 하는 행위'를 동물 학대로 처벌하고 있습니다.

과거에는 전기 봉 도살이 동물보호법이 금지하고 있는 '잔인한 도살'에 해당하는가, 아닌가에 대해 논란이 있었습니다. 그러나 2020년 대법원이 전기 쇠꼬챙이 도살을 유죄로 판결하며 전기 봉 도살의 불법성은 명확해집니다. 이 판결이 의미 깊은 것은 국내 거의 모든 개 도살장에서 개를 죽이기 위해서 이 방법을 사용해 왔기 때문입니다. 이제 법을 어기지 않고는 개를 죽일 방법이 없어진 겁니다.

그렇다고 불법 전기 봉 도살이 일시에 사라진 것은 아닙니다. 최근까지도 개 농장, 도살장의 불법 행위들은 끊임없이 단속되고 있습니다. 그럼에도 개 식용 업자들은 불법을 감수하면서 대규모 개 사육과 도살을 계속하고 있습니다. 동물보호법 위반 처벌을 받아 봐야 고작 몇백 만 원의 벌금에 그치고 이를 감독, 처벌해야 할 행정 사법 기관들도 미온적이기 때문입니다. 하지만 최근 문재인 대통령이 '개 식용 금지를 검토하라'는 지시를 내리며 농림축산식품부에서는 본격적인 개 식용 종식에 대한 방안을 마련하고 있습니다. 과연 뜬장과 전기 봉이라는 잔인한 도구들이 영원히 사라질 날이 가까이 온 걸까요.

우리가 개 식용 논쟁을 떠올릴 때 고려해야 할 것은 비단 개들의 학대 상황과 불법성뿐만이 아닙니다. 2020년 2월, 우리의 일상을 온전히 뒤흔든 코로나19 바이러스의 가장 큰 특징이 바로 인수 공통 감염병이란 사실입니다. 코로나19가 어떻게 인간에게 전해졌는지 명확하지 않으나 과학자들은 그 시작을 야생 동물에게서 비롯된 것으로 추측하고 있습니다.

앞서 설명한 것처럼 개 농장과 도살장의 환경은 결코 위생적이지 않습니다. 현행법의 미비로, 개고기는 다른 축산물처럼 검사나 규제를 받지 않고 있습니다. 어디서 길러지고 도축되는지 모르는 고기를 계속 먹다가는 또 다른 인수 공통 감염병을 부를지도 모르는 일입니다.

이제 개고기를 먹는 것이 어떻게 불법 행위에 동조하고 공중 보건을 위협할 수 있는지 설득이 되시나요? 여전히 왜 개고기만 안 되느냐고 생각하실 분도 있을 것 같아 마지막으로 한국성서대 김성호 교수님의 글을 전해 드리고자 합니다.

"'개 식용은 금지하면서 소, 돼지, 닭은 왜 먹냐?'는 비판은 우리나라 결식아동을 돕자는 운동에 아프리카에는 더 심하게 굶는 아이들도 많은데 호들갑 떨지 말라는 것과 다름없다. 개 식용을 금지하자는 주장은 개만 중요하니 개고기만 먹지 말자는 것이 아니다. 개 식용부터 금지하고, 다른 가축 동물에 관한 관심으로 나아가는 것이 현실적이고 합리적인 순서라는 것이다."

## 개와 현명하게 친구 되는 법

**사지 말고 입양합시다**

지난해 우리나라 유기 동물의 수는 12만 마리였습니다. 매해 10만 마리 이상의 동물이 보호자를 잃고 지역 보호소나 동물 단체 보호소에 들어옵니다. 유기 동물을 입양하면 한 번에 세 마리의 목숨을 살린다는 이야기가 있습니다. 인위적 번식을 위해 갇힌 번식장 개들의 고통을 줄일 수 있고, 입양을 가는 개는 새로운 가족을 찾게 되며, 보호소로서는 입양 간 개 대신 새로운 유기견을 보호할 여력이 생긴다는 것입니다. 유기견을 입양할 수 있는 곳을 소개해 드립니다.

◎ 유기 동물 입양 플랫폼 포인핸드 http://pawinhand.kr
◎ 서울시 유기 동물 입양 센터
서울동물복지지원센터 https://cafe.naver.com/seoulanimalcare
강동리본센터 http://reborncenter.org
서초동물사랑센터 http://www.seocho.go.kr/site/animal/main.do
◎ 동물 보호 단체
동물자유연대 온센터 https://www.instagram.com/kawa.on/
동물권행동 카라 더봄센터 https://www.instagram.com/kara_thebom/

## 동물 등록과 중성화는 필수!

책임 있는 반려자가 되기 위한 가장 기본적인 약속이 바로 동물 등록과 중성화입니다. 생후 2개월이 지난 모든 반려견은 주거지 시·군·구청에 동물 등록을 해야 하며, 등록하지 않을 경우 과태료가 부과됩니다. 등록 방법은 크게 두 가지입니다. 첫째, 내장형 무선 식별 장치를 개의 체내에 삽입하거나 둘째, 외장형 무선 식별 장치를 부착하는 것입니다. 그러니 맨 처음 동물 등록을 할 때는 반려견과 함께 지정 동물 병원이나 동물 보호 센터에 방문하면 됩니다. 자세한 사항은 '동물보호관리시스템' https://www.animal.go.kr/ 을 참고하세요.

성견이 되면 동물의 복지를 위해 중성화 수술(불임 수술)을 해 주는 것이 좋습니다. 중성화 수술은 호르몬 분비로 인한 스트레스를 줄여 주고, 생식기 질환 예방 및 원하지 않는 번식을 막을 수 있습니다. 보통 개가 4~6개월령에 성적 징후가 나타나기 시작할 때 수술을 하게 되는데요. 안전하고 건강한 수술을 위해 동물 병원을 방문해 수의사 선생님께 상담을 받아 보고 결정하는 것이 좋습니다.

# 사랑하면 알게 되는 것들

# 고양이

**고경원**(야옹서가 대표)

오늘날 우리에게 익숙한 집고양이는 약 1만 년 전 아프리카 들고양이Felis lybica가 인간과 함께 살기 시작하면서 생겨났습니다. 쥐를 잡고 곡식을 지켜 주는 대신, 안정적인 잠자리와 먹을 것을 제공받는 집고양이의 삶을 택한 거죠. 기원전 1275년경 람세스 2세 시대에 조성된 한 무덤 벽화에는 의자에 앉은 인물의 발치께에 작은 고양이가 보이는데, 고양이용 귀찌와 목걸이를 한 모습은 사람에게 길든 집고양이임을 보여 줍니다. 이미 고양이가 반려동물로 자리 잡았음을 보여 주는 증거이죠.

　집에서 태어나 평생을 실내에서만 사는 집고양이도, 야생성을 잃지 않고 거리의 삶을 택한 길고양이도 먼 과거로 거슬러 올라가면 같은 조상에서 갈라져 나온 것입니다. 그래서일까요? 고양이를 좋아하는 사람은 처음 보는 길고양이와 마주쳐도 야생 동물로 인식하기보다는 '아는 고양이'를 보는 듯한 반가움과 애틋함을 느낍니다.

## 삼국 시대부터 살아온
## 한국 토종 고양이

유기된 품종 고양이나 그 고양이가 길 생활에 정착해 낳은 새끼가 아니라면, 우리가 길에서 마주치는 고양이 중 대부분은 한국 토종 고양이입니다. 몸집은 평균적으로 중형이고, 털은 가늘고 짧은 단모종이 많습니다. 그래서 '코리안 쇼트헤어Korean Shorthair' 혹은 이를 줄여서 '코숏'으로 부릅니다. 다만 공인된 품종명은 아니고, 애묘인 사이에서 통용되는 별칭이지요.

고양이가 고유의 품종을 공인받으려면 눈 색깔, 털 무늬와 색깔 등에서 구별되는 표준 외모가 명확해야 합니다. 예컨대 미국 토종 고양이인 아메리칸 쇼트헤어에겐 '골뱅이 무늬'라 불리는 옆구리의 특이한 무늬가 있고, 일본 토종 고양이인 재패니즈 밥테일은 삼색 무늬에 꼬리는 무척 짧아서 마치 토끼처럼 보입니다. 대대로 태국 왕실에서 키웠다는

조선 시대 화가 조지운(趙之耘, 1637~?)이 그린 것으로 전하는 〈유하묘도柳下猫圖〉,
17세기에도 고등어 무늬, 젖소 무늬, 노란 얼룩무늬 등 익숙한 모습의 고양이가 살았음
을 보여 준다.

햇볕에 달궈진 기와 위에서 따끈따끈한 시간을 보내는 길고양이들.
먼 옛날에도 한옥 지붕을 제집처럼 뛰어놀던 고양이가 있었겠지?

샴 고양이는 발끝과 꼬리, 크림색 얼굴 한가운데 살짝 탄 식빵처럼 고동색 털이 있고, 눈동자는 호수처럼 파랗지요.

하지만 코리안 쇼트헤어의 표준 외모가 어떠냐고 물으면 선뜻 답하기 힘들 겁니다. 이는 오랜 기간에 걸쳐 유전적 형질이 섞이면서 눈 색깔이나 털 빛깔, 무늬가 다양해졌기 때문입니다. 삼국 시대 불교가 우리나라로 전래되는 과정에서, 쥐가 불경을 쏠아 훼손하는 일을 막기 위해 고양이도 함께 유입되었다고 전해지는데요. 국립중앙박물관에 소장된 5~6세기경의 가야 토기에는 고양이로 추정되는 동물이 지붕에 올라 쥐를 노리는 모습이 묘사돼 있고, 9세기경 조성된 경주 월성 신라 왕궁 근처의 우물 속에서 고양이와 비슷한 몸집의 벵골 살쾡이 여섯 마리의 뼈가 양호한 상태로 발굴되어 화제가 되기도 했습니다.

고양이들은 사계절의 변화가 다채로운 우리나라의 기후에 적응해 살아가면서 수많은 무늬의 후손을 남겼습니다. 사람들은 거리에서 마주치는 고양이를 보면서 털 빛깔이나 무늬에서 유래한 별명으로 부르기 시작했고요. 흰둥이, 삼색이, 치즈, 고등어, 젖소, 카오스, 턱시도… 애묘인 사이에 통용되는 별명들을 보면, 그 고양이가 어떤 생김새인지 짐작할 수 있습니다. 어쩌면 자생적으로 생겨난 그 별명들이야말로 고양이 도감에 박제된 이름이 아니라, 입에 착착 감기는 한국 토종 고양이들의 진짜 이름인지도 모릅니다.

조선 시대 화원들이 남긴 그림 속 고양이를 살펴보면 고양이가 먼 옛날에도 오늘날과 비슷한 모습이었음을 알 수 있습니다. 화원 김홍도는 〈황묘농접도黃猫弄蝶圖〉에 현대인이 노랑둥이로 부르는 통통한 고양이를 그려 넣었는데, 오늘날까지도 명작으로 손꼽히는 작품입니다. 고양이를 잘 그려서 '변고양이'라는 별칭으로 불린 변상벽은 〈묘작도猫雀圖〉에 참새를 사냥하는 고등어 고양이 두 마리를 등장시켰고, 심사정은 〈패초추묘도敗蕉秋猫圖〉에 턱시도 고양이를 그렸지요. 이들의 모습을 보고 있으면 '삼국 시대 고양이의 후손이 지금도 우리나라에 잘 살고 있구나' 싶습니다.

## 책임질 수 없다면
## 시작하지 말자

고양이와 개의 성향 차이를 표현한 우스갯소리 중에 이런 말이 있습니다. 사람이 다정하게 대해 주면 개는 '나

개와 고양이는 감정을 표현하는 방식이 서로 다르다.
반가운 사람을 보는 둘의 표정도 정말 다르지?

한테 이렇게 잘해 주다니, 이 사람은 신인가 보다' 생각하지만, 고양이는 '나를 이렇게 떠받드는 걸 보니, 내가 신인가 보다' 하고 생각한다고요. 웃자고 지어낸 얘기이긴 하지만, 자기가 세상의 중심인 고양이를 보노라면 정말 그렇게 생각할 것 같기도 합니다.

반려인을 주인으로 인식하면 주종 관계를 엄격히 지키는 개와 달리, 고양이는 사람을 '나랑 함께 사는 큰 고양이'나 친구 정도로 여기며 수평적 관계를 유지합니다. 가끔 "고양이는 은혜를 모르는 동물이니 키워 봤자 소용없어" 하고 호통치는 어르신들이 계시는데요. 이것은 개와 고양이의 성향 차이 때문에 생긴 오해죠. 고양이도 좋아하는 사람은 무척 잘 따른답니다.

고양이와 개는 감정을 표현하는 방식이 다릅니다. 개가 펄쩍펄쩍 뛰며 달려와 꼬리를 헬리콥터처럼 흔들며 반가움을 표현한다면, 고양이는 꼬리를 세우고 종종걸음으로 다가와 박치기를 콩 하거나, 눈을 천천히 떴다가 감으며 '고양이 키스'를 보내는 식으로 은근히 호감을 전합니다. 또 길고양이는 고마운 사람에겐 직접 사냥한 새나 쥐, 벌레 등을 가져다주며 마음을 표현하는데, 고양이의 생태를 모르는 사

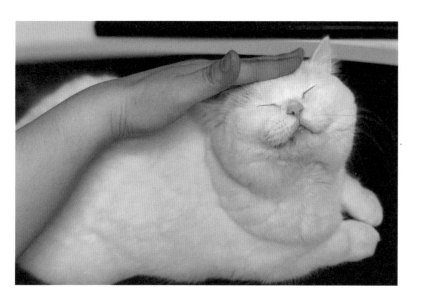

허벅지 위로 폴짝 뛰어오른 하리.
다 큰 고양이는 이렇게 듬직한 매력이 있다.
쓰다듬어 주면 기분이 좋은지 눈을 그윽하게 감는다.

람에겐 그 선물이 해코지로 느껴질 수도 있어요. 모든 것은 좋고 나쁨의 문제가 아니라 '다름'의 문제지만, 인간과 고양이의 소통 방식이 서로 다른 탓에 안타까운 편견이 생기기도 합니다.

그런 탓인지 우리나라에서는 전통적으로 고양이보다 개를 반려동물로 선택하는 가정이 많았습니다. KB금융지주 경영연구소가 발표한 〈2021 한국 반려동물보고서〉에 따르면, 2020년 기준 한국의 반려동물 동반 가구 중 반려견 양육 가구는 80.7%, 반려묘 양육 가구는 25.7%에 달했다고 해요. 개와 고양이를 같이 키우는 집도 있겠지만, 수치만 보면 약 3:1이니 여전히 '개 파'가 '고양이 파'보다 압도적으로 많지요.

그럼에도 불구하고 고양이를 데려오기로 결심했다면, 솜털처럼 뽀송하고 도도한 고양이의 매력에 이미 빠진 상태일 거예요. 주변에 고양이를 키우는 사람이 있다면 그들의 영향도 받았을 테지만, 대부분 고양이가 나오는 유튜브 영상이나 TV 예능 프로그램 등을 보면서 '아, 나도 저렇게 귀여운 고양이를 키우고 싶어'라고 생각했을 가능성이 큽니다.

여기서 중요하게 생각해 볼 점이 있어요. 그런 영상에서는 실제 고양이와 살면서 반복해야 할 돌봄 과정이나 일상생활 속에서 생기는 불편함까지 보여 주지는 않는다는 것을요. 지루한 부분은 잘라 내고 보기 좋게 편집한 결과물이니까요.

하지만 고양이를 키우면서 돌봄이 귀찮거나 지겹다고 생략할 수는 없는 일이지요. 고양이와 함께 살면 행복한 일도 많지만, 살아 있는 생명이기에 누군가는 그 뒤치다꺼리를 해야 합니다. 매일 청소해도 마룻바닥엔 고양이 모래가 날리고, 민들레 홀씨 같은 털은 얼마나 빠지는지 꼼꼼히 떼어 냈다 싶어도 옷에는 늘 털이 붙어 있지요. 고양이는 소파를 발톱으로 신나게 긁기도 하고, 새벽에 온 집을 우다다 뛰어다니며 놀기도 해요. 게다가 집에 두고 온 고양이가 걱정되어 장기 여행을 떠나기도 쉽지 않지요. 그때 가서 "내가 상상한 '고양이가 사는 집'은 이런 게 아니었는데…" 하고 후회해도 되돌릴 순 없어요.

그래서 한 생명을 집에 들이는 일은 신중하게 결정해야 하고, 함께 사는 가족의 동의도 꼭 필요합니다. 내가 학교에 있는 동안 고양이를 돌보는 건 엄마 아빠 몫이 되니까요. 고양이를 키우겠다고 말씀드렸을 때 부모님이 반대하시면 야속할 수 있지만, 갑자기 손이 많이 가는 막내가 생기는 셈이니 당연히 부담스러우실 거예요. 그러니 부모님을 설득하려면, 내가 어느 정도까지 고양이를 돌볼 것인지 정하고 그 약속은 꼭 지켜야 해요.

고양이를 키우기 시작한 게 후회되지만 자기 행동에 책임은 지기 싫은 사람들은 고양이를 버리거나 방치하고, 화풀이 삼아 학대하기도 합니다. 유기묘나 학대 피해 고양이는 대부분 이런 과정에서 생겨납니다. "고양이 좋아하는 사람이 고양이를 버린다"는 말이 있어요. 언뜻 들으면 이해하기 어렵지만 일리 있는 말입니다. 어설프게 좋아하는 마음만 앞세워 데려왔다가 쉽게 포기하는 사람이 고양이를 불행하게 만든다는 거죠. 싫어하는 사람은 키울 일이 없으니 버릴 일도 없거든요.

고양이는 평균 15~20년을 사는 동물입니다. 그 긴 세월 동안 한 생명의 생로병사生老病死를 지켜보는 일은 쉽지 않은 일입니다. 시간도, 돈도, 마음도 여러분이 생각한 것보다 훨씬 많이 들어갈 거예요. 동물 병원에서는 건강 보험이 적용되지 않으니 종합 검진 한 번에 최소 몇십만 원이

들고, 수술이라도 하면 수백만 원이 들 수도 있어요. 그 과정에서 여러분은 든든한 보호자 역할을 맡아야 하지요. 노화로 인해 만성 질환에 걸리기 시작하면 병원비도 급격하게 늘어나므로, 용돈 중 일부를 매달 저축해 두는 것도 필요합니다.

지금 한 생명을 책임질 준비가 되어 있나요? 아니면 '난 아직 어리니까 그 정도로 책임을 지기는 부담스러운데…' 하는 생각이 드나요? 최소 15년이라는 시간의 무게를 깊이 생각해 본 적이 없다면 고양이를 키우는 일은 조금만 나중으로 미뤄 두세요.

저는 기자로 일하던 2002년부터 길고양이의 삶을 사진과 글로 기록하기 시작했고, 2017년에 고양이 책만 내는 출판사를 시작했어요. 어느덧 20년째 고양이 작가로 활동 중이고 관련 주제의 출판사까지 운영하니 "고양이는 몇 마리나 키우세요?"라는 질문을 가끔 받지요. 첫째인 스밀라는 본가에서 키우고 있고, 함께 사는 고양이는 둘째 하리뿐이라고 말하면 "생각보다 적네요"라며 놀라는 분이 많아요. 제가 고양이를 무척 많이 키울 거라고 짐작하셨나 봐요. 게다가 고양이를 좋아한다는 사람이 "고양이 함부로 키우지 말라"는 말부터 꺼내니 의아해할 만도 하지요. 하지만 고양이 한 마리가 무지개다리를 건널 때까지 행복하게 돌보려면 얼마나 무거운 책임이 필요한지 알기에 "지금 내가 책임질 수 있는 만큼만 키우자"는 원칙을 정했답니다.

고양이는 익숙한 환경에 안도감을 느끼는 영역 동물입니다. 집이 세상의 전부이기 때문에, 낯선 곳에서는 엄청난 공포를 느낍니다. 그러니 버려진다는 건 고양이에게 세계 멸망과 맞먹는 충격일 거예요. 집고양이는 스스로 사냥할 능력도 떨어지고, 텃세를 부리는 길고양이와 싸워 이기기도 힘들어요. 또 로드킬을 당하기도 쉬워서 결국 비참한 죽음을 맞게 됩니다.

고양이 유기 현장을 직접 목격한 적이 있습니다. 고양이가 사는 공간을 취재하러 어느 가게에 들렀을 때였어요. 갑자기 한 통의 전화가 걸려 왔고, 사색이 되어 뛰쳐나간 가게 주인은 잠시 후 커다란 종이 상자를 들고 돌아왔지요. 도대체 뭐가 들었기에…. 영문을 모르는 저도 심장이 두근두근 뛰었죠.

상자를 열었을 때 가게 안의 사람들 모두가 경악을 금치 못했어요. 엄마 고양이랑 청소년기쯤 되어 보이는 새끼

새끼 길고양이가 보인다고 덥석 '냥줍'한다면,
어미 고양이에게서 납치하는 셈이 된다.

세 마리가 좁은 상자에 몸을 구겨 넣다시피 담겨 있었습니다. 고양이 화장실과 쓰던 모래, 허름한 방석과 함께 편지한 통도 보였어요.

"… 꼭 찾으러 오겠습니다. 죄송하지만 다른 곳으로 보내지 말아 주세요."

동물 단체 건물이나 고양이 후원 카페, 공원 등지에서 유기 범죄가 종종 일어난다는 말은 들었지만, 유기 현장 목격은 처음이어서 저도 충격이 컸습니다. 게다가 고양이를 다른 곳에 보내지 말고 잘 키워 달라니요. 죄책감을 덜기 위해 남의 손을 빌리려는 그 사람에게 화가 났지요. 만약 그와 마주쳤다면 이 말을 꼭 해 주고 싶었습니다.

"고양이가 소중하다면서 어떻게 그 목숨을 남에게 맡기려고 해요? 내가 책임지지 못하는 고양이는 남도 책임질 수 없는 법이에요."

고양이를 무책임하게 유기하는 사람과 반대로, 고양이가 좋아서 하나둘 집에 들이다가 어느 순간 자신이 키울 수 있는 한계를 넘어 버린 사람도 있습니다. 키울 능력이 없으면서도 너무 많은 동물을 좁은 공간에서 키우는 사람을 '애니멀 호더Animal hoarder'라고 해요. 단순히 키우는 동물

수가 많다고 해서 애니멀 호더로 부르지는 않습니다. 기준은 '내가 감당할 수 있는 만큼 키우는가, 그렇지 못한가'입니다. 대개 애니멀 호딩 현장에 가 보면 불결하고 좁은 환경에 너무 많은 동물이 방치되어 있습니다. 특히 중성화 수술을 하지 않고 키우다 개체 수가 급격히 늘어나는 경우가 많아요. 때리거나 굶기는 것만 동물 학대가 아니라, 방치도 엄연한 학대입니다.

## 어디서 어떻게
## 입양하면 좋을까?

고양이를 키울 마음의 준비를 마쳤고, 부모님 허락도 구했다면 어디서 어떻게 데려올지 함께 생각해 봅시다. 되도록 하지 말아야 할 일은 '냥줍'을 통한 충동적인 입양입니다. 냥줍이란 버려진 물건을 줍듯이, 길에서 발견한 고양이를 데려오는 일을 말해요. 대개 냥줍 대상은 새끼 길고양이인 경우가 많습니다.

하지만 혼자 있는 새끼 길고양이를 발견해도 섣불리 데려오면 안 돼요. 엄마 고양이가 먹을 것을 사냥하러 몇 시간 자리를 비웠을 수 있거든요. 보통 반나절에서 길면 하루 종일 새끼 고양이가 혼자 있을 수도 있는데, 그때 덥석 데려온다면 구조가 아닌 '납치'가 되고 말아요. 엄마는 사라진 새끼를 얼마나 애타게 찾을까요?

또 의논 없이 고양이를 데려오면 당연히 부모님이 반대하실 텐데, 있던 자리에 돌려놓으면 해결될까요? 어미 고양이는 새끼에게 낯선 사람 냄새가 나면 경계심을 느껴서 새끼를 버립니다. 혼자 남겨진 새끼는 살아남기 힘들겠지요. 부모님께 키우는 걸 허락받는다고 해도, 아직 젖을 못 뗀 어린 고양이는 두세 시간마다 분유를 먹여야 하는데요. 내가 학교에 가고 부모님이 출근하면 누가 새끼 고양이를 보살필 수 있을까요? 그러니 고양이 입양은 꼭 준비된 상태에서 가족 모두의 동의하에 시작하기를 바랍니다.

가족을 기다리는 고양이의 입양 정보는 네이버 '고양이라서 다행이야', 다음넷 '냥이네' 같은 인터넷 고양이 커뮤니티, 포인핸드 앱, 동물 보호 단체 입양 홍보 게시판 등을 통해서도 검색할 수 있어요. 입양 희망자의 주거 환경이나 가족 동의 여부 등을 사전에 확인하므로 솔직하게 신청서를 작성하면 좋아요.

구조자는 대부분 미성년자에게 입양을 보내지 않으려고 합니다. 어리다고 무시해서가 아니라, 아직 학생이기에 고양이를 키울 때 드는 비용을 책임지기 어렵고, 인생에서 변수도 많은 나이이기 때문입니다. 이럴 때는 부모님도 적극적인 입양 의사가 있음을 함께 밝혀 주는 것이 좋습니다.

고양이를 데려오기 전에 창문과 현관에는 기본적인 안전장치를 설치해 주세요. 고양이는 생각보다 힘이 세고 머리도 좋아서, 가벼운 창문 정도는 혼자 앞발로 열고 밖으로 나갈 수 있어요. 창문이 잠겨 있어도 방충망이 오래되어 삭은 상태라면 발톱으로 찢고 나갈 수도 있어서 방묘창 설치를 하는 게 안전합니다. 현관에도 고양이가 바로 뛰어나갈 수 없도록 방묘문을 설치합니다.

고양이를 입양하는 마지막 단계는 구조자 혹은 단체와 함께 입양 계약서를 쓰는 일입니다. 실내에서 키울 것, 중성화 수술을 할 것, 입양 후 일정 기간 소식을 전해 줄 것 등 기본적으로 들어가는 내용은 비슷합니다. 혹시 입양자와 연락이 끊겨 고양이의 생사를 모르게 되는 일이 없도록, 주민 등록 번호나 집 주소를 확인하는 것이 기본입니다.

저의 경우 첫째는 친구가 구조한 고양이를 임시 보호

고양이의 가출을 막으려면 반드시 방묘문을 설치한다.
격자 모양 철망을 엮어 직접 만들 수도 있고,
원터치 철제 방묘문이나 원목 방묘문 등 다양한 기성품도 있다.

하다 입양했지만, 둘째는 임보 계약서를 쓰고 데려왔는데요. 임보 계약서나 입양 계약서를 쓰는 이유를 알면서도 '개인 정보를 이렇게 공개해도 괜찮나?' 하는 생각에 잠시 머뭇거리게 되더라고요. 하지만 이는 고양이를 데려갔다가 학대하거나 버리는 사람이 있어서 생긴 규정입니다.

길고양이나 구조한 고양이를 '공짜 고양이'로 여기고 무분별한 입양 신청이 몰리는 걸 방지하기 위해, 또 쉽게 생명을 데려왔다 쉽게 버리는 일이 생기지 않도록 구조자나 동물 단체에서 소정의 입양비를 책정하는 경우가 있습니다. 보통 '책임비'라고 부르는데 대개 다른 고양이의 구조와 치료, 중성화 수술 등에 다시 쓰인답니다.

'내가 원하는 품종의 고양이를 어릴 때부터 키우고 싶어!' 하고 생각하는 사람도 있을 수 있어요. 이미 원하는 고양이가 정해져 있고, 그게 이른바 '품종묘'라 불리는 외래종 고양이라면 유기묘나 구조된 길고양이가 대부분인 입양 게시판에서 인연을 만나기란 쉽지 않겠지요. 고양이가 어릴 때부터 추억을 쌓고 싶은 마음은 누구나 품을 수 있는 소망이기도 하고요.

'그냥 펫 숍에서 새끼 고양이를 사 오면 안 될까?'

혹시 이런 생각이 드나요? 동물 보호 활동가들이 "사지 마세요, 입양하세요"라고 캠페인을 하는 이유는 뭘까요? 특정 품종의 어린 고양이를 원하는 사람이 늘어나면, 그 수요를 채우기 위해 어딘가에서는 새끼 고양이를 많이 만들어 내야 하고, 어미 고양이는 생명이 아닌 '출산 기계'처럼 다뤄집니다. 상품성을 높이기 위해 엄마와 일찍 헤어지고, 빨리 자라지 못하게 최소한의 음식만 먹으며 진열장에 놓인 새끼 고양이는 건강하고 행복할 수 있을까요?

지금 불편한 마음이 든다면 그 기분을 잊지 마세요. 그리고 그 불편함이, 펫 숍으로 향하는 여러분의 발걸음을 멈추게 하길 바랍니다. 동물의 생명을 돈으로 거래하는 수요가 없다면 공급도 사라지기 마련이니까요.

## 고양이가 클수록
## 함께 자라는 마음

작고 어린 고양이는 누가 봐도 귀엽습니다. 당연히 입양 홍보 사이트에서도 어린 고양이는 빨리 입양되지만, 다 큰 고양이는 가족을 찾을 가능성이 점점 희박해집니다. 입양을 원하는 사람은 한정되어 있는데, 하루에도 수십 건에 달하는 입양 홍보 글이 올라오면 성묘 입양 글은 점점 묻혀 버릴 테니까요.

하지만 처음 고양이를 키우는 사람이라면, 새끼 고양이보다는 성묘 입양을 고려해 보길 권합니다. 새끼는 아직 면역력이 약하기 때문에 손이 많이 가고, 경험이 부족한 사람이 키우기엔 어려운 경우가 많습니다. 하지만 성묘라면 제 앞가림 정도는 스스로 할 수 있는 상태고 어느 정도 성격이 확립되어 있기 때문에, 나와 잘 맞는 고양이일지 아닐지도 미리 알 수 있어서 좋아요.

고양이와 반려인의 성격 궁합은 꽤 중요합니다. 조용하고 얌전한 고양이를 좋아하는 사람이 있고, 발랄한 고양이를 선호하는 사람도 있는데 성격이 맞지 않으면 서로 힘든 경우가 많거든요.

새끼 고양이를 꼭 키워 보고 싶다면, 고양이 반려인으로서 경험이 쌓였을 때 둘째로 들이는 것도 한 방법입니다. 키우던 고양이가 성묘이고 나중에 들어온 고양이가 새끼라면 조금 더 수월하게 합사를 진행할 수 있습니다. 제 영역이 침해당하는 것에 민감한 고양이들이지만, 어린 고양이

임보만 하려다가 정들어 입양한 하리.
임보는 '임시 보호'가 아니라 '임종까지 보호'의 줄임말이란
우스갯소리가 나온 이유를 알 것 같다.

에게는 관대한 경우가 많거든요. 자기가 어른이니까 좀 봐주는 거죠.

첫째와 둘째를 모두 성묘 입양으로 데려온 제 경험을 돌이켜 보면, 다 큰 고양이가 주는 든든한 매력이 분명히 있더라고요. 저의 첫 고양이 스밀라는 2006년 여름 장마철에 구조된 고양이였어요. 구조 후 입양 간 곳에서 일주일 만에 파양된 바람에 제가 임시 보호하다 키우게 되었죠. 두 번이나 버려진 상처도 힘들었겠지만, 낯선 공간에서 모르는 사람들과 가족이 되는 건 큰 용기가 필요한 일이었을 텐데요. 고맙게도 스밀라는 서서히 마음을 열어 주었습니다. 처음에는 우리 가족과 거리를 두던 고양이가 완전히 편안해졌을 때, 그 모습을 지켜보는 제 마음까지도 함께 치유되는 것 같았습니다.

스밀라는 3년 뒤 신부전 진단을 받았지만 몇 번의 고비를 넘겼고, 멋진 할머니 고양이가 되었습니다. 저는 고양이를 많이 좋아하지만 둘째를 데려올 생각은 하지 않았어요. 노묘인 스밀라가 세상을 떠나면 그 상실감이 얼마나 클지 상상하기 어려웠고, 다른 고양이로 그 빈자리를 채우고 싶지 않았죠. 하지만 가족이 될 인연은 따로 있었는지, 단기

임시 보호만 할 예정이었던 하리가 둘째가 되었지요.

하리는 붙임성이 좋아서, 집에 온 첫날부터 제 다리에 올라와 앉으면서 호감을 표현했어요. 처음 보는 집이 낯설 법도 한데 이곳저곳 호기심을 보이며 탐색하고, 팔자 좋게 배를 드러내고 잠들었지요. 스밀라가 쿨한 친구 같다면, 하리는 살가운 딸 같은 고양이예요. 하리를 키우면서 고양이 성격은 정말 천차만별이란 걸 알았답니다.

하루 종일 집 밖에서 시달리다 귀가해서 지친 몸과 마음으로 침대에 누우면, 하리는 살며시 배 위로 올라와 식빵 자세로 앉으면서 그릉그릉 기분 좋은 소리를 내곤 해요. 하리의 통통한 몸을 두 팔로 안고 있으면, 내 고양이의 행복을 지켜 주는 일보다 중요한 일은 세상에 없는 것 같아요. 고양이와 살다 보면 이 작은 몸에 얼마나 큰 사랑이 숨어 있는지 놀랍기만 합니다. 그 사랑은 잠깐 존재했다 사라지는 어린 시절의 귀여움과는 비교할 수 없는 성숙한 감정이지요.

태어날 때부터 주어지는 원가족은 내가 선택할 수 없지만, 반려동물은 내 의지로 선택하는 첫 번째 가족이에요. 그 결과에 대한 책임도 보람도 스스로 안고 가야 하지요. 저에게는 그 책임이 무거운 짐으로 느껴지기보다는 삶의 중심추처럼 느껴졌어요. 힘든 일을 겪으며 마음이 위태롭게 흔들릴 때, 제 마음 한가운데 고양이가 자리하고 있어서 중심을 잡아 주고 있었던 거지요. 제가 고양이를 구했다고 생각했지만, 실은 고양이가 저를 구해 준 게 아닐까 하는 생각도 들곤 합니다.

한 노숙인과 길고양이의 실화를 다룬 영화 〈내 어깨 위 고양이, 밥〉(2016)은 고양이가 한 사람의 인생을 구원하는 일이 충분히 가능함을 보여 줍니다. 주인공 제임스 보웬은 마약에 중독된 노숙인이었지만, 우연한 계기로 길고양이 밥을 키우면서 삶이 180도 바뀌게 됩니다. 이제 자신의 삶뿐 아니라, 밥의 행복도 책임져야 할 사람이 되었으니까요. 그는 생계를 위해 꾸준히 거리 공연에 나섰고, 길고양이와 함께한 그의 공연이 화제가 되면서 출간한 책은 세계적인 베스트셀러가 되었죠. 그 둘의 인연을 담은 이 영화까지 제작되었고요.

제임스 보웬처럼 베스트셀러 작가가 되지는 못했지만, 저 역시 성묘 입양으로 삶이 달라지는 경험을 했기에 '다 큰 고양이도 충분히 사랑스럽다'는 걸 알리는 책을 꾸준히 만들고 있습니다. 2018년부터는 "고양이는 클수록 좋다"는 캐치프레이즈를 내걸고 성묘 입양 캠페인을 진행하고 있고요. 큰 고양이의 푸짐한 몸매가 주는 매력과, 나이를 먹을수록 더욱 끈끈해지는 우리의 관계를 '클수록 좋다'는 중의적 표현에 담아 본 것이죠. 정말 고양이는 크면 클수록 좋답니다.

고양이와 함께 살면 세상을 보는 시야도 조금 더 넓어집니다. 어렸을 땐 재미있게 구경했던 동물원이 불편해지고, 수족관에 갇혀 빙글빙글 도는 돌고래가 안타깝게 느껴져 아쿠아리움을 가지 않게 되었습니다. 수요가 없으면 공급도 없어질 거라는 마음에서이죠.

고양이를 알기 전의 나와 고양이를 키운 후의 나는 똑같은 사람 같아 보이는데, 어떻게 이런 변화가 가능했을까요? 나보다 작고 여린 존재를 돌보면서 마음의 키도 한 뼘 더 자랐기 때문이지요. 내 고양이의 행복이 소중하기에 세상 모든 동물도 행복하기를 바라는 마음. 고양이를 키우면 그런 마음이 자연스럽게 싹튼답니다.

## 끝이 보이는 사랑도
## 아름답다

저의 첫 고양이 스밀라는 이제 할머니라고 부르는 게 자연스러운 모습이 되었습니다. 고양이에게도 치매가 온다는데, 정말 그런지 새벽마다 이유 없이 울면서 가족들을 깨우곤 해요. 낮에는 혼자 자는 시간이 늘어났지요.

고양이는 나이가 들면 먹는 양이 줄고 근육량이 빠져 몸집이 작아집니다. 한창 시절에 비해 털도 많이 빠지고 몸도 말라서 등가죽을 쓰다듬으면 살집이 거의 없지만, 그 모습이 안 예쁘게 느껴진 적은 없어요. 오히려 세월과 잘 싸워 주고 있는 증거 같아 기특하고 고맙기만 합니다. 우리가 함께 나이를 먹어 가면서 생긴 동지애와 유대감은 무엇과도 바꿀 수 없거든요.

고양이를 키운다는 건 인간이 살면서 겪을 생로병사의 모든 과정을 미리 압축해서 경험해 보는 것과 같아요. 고양이가 어릴 때는 아기를 돌보는 것처럼 조심스럽고, 성묘가 되면 친구처럼 든든한 사이가 되었다가, 노묘라고 부를 수 있는 열 살 즈음부터는 연세 지긋한 어르신을 모시는 것

구조된 지 6개월쯤 지난 2006년 12월의 스밀라. 두 번이나
버려졌던 고양이가 마음을 열어 가는 과정은 모두에게 감동
을 주었다.

2022년 1월, 열일곱 살 '묘르신'이 된 스밀라. 나이 들면서
눈곱도 자주 끼고 몸은 점점 더 작아졌지만, 여전히 사랑받
고 있다.

같은 마음이 됩니다.

스밀라가 노년기로 접어든 지 얼마 되지 않았을 때는 점점 나이를 먹고 아픈 곳이 많아지는 게 불안하고 무서웠어요. 생명 있는 모든 것과는 언젠가 이별해야 한다는 걸 알면서도 되도록 우리 가족과 오래오래 살 수 있기를 바랐습니다.

하지만 스밀라가 열일곱 살이 된 요즘은 생각이 조금 달라졌습니다. 살아 있는 동안 하고 싶은 것만 하며 행복하게 지내다가, 이별의 순간이 다가온다면 오래 고통스럽지 않고 잠자듯 떠나기를 바라게 되었죠. 응급 상황에는 병원으로 달려가겠지만, 스밀라에게 삶이 얼마 남아 있지 않다는 걸 알게 되면 병원 처치실에서 쓸쓸히 죽어 가기보다 가족과 함께 마지막 시간을 보내게 해 주고 싶습니다.

고양이를 키우기 시작하면서, 한때는 동물이 사람보다 짧은 수명을 가진 것이 원망스럽기도 했습니다. 사랑하는 고양이가 세상을 떠난다면 혼자 남겨진 제가 너무나 고통스러울 것 같았어요. 그런데 가만히 생각해 보니 그건 지극히 인간 중심적인 생각이더라고요. 사람이 고양이보다 더 오래 살기 때문에, 그들의 마지막 순간을 우리 손으로 지켜 줄 수 있는 거잖아요. 그것이 반려인에게 주어진 마지막 의무이기도 하고요.

생각해 보면 고양이를 향한 사랑은 끝이 정해진 시한부 연애 같아요. 우리가 사랑할 수 있는 시간은 정해져 있고 언젠가 이 사랑이 끝날 것도 알지만, 후회 없이 있는 힘껏 사랑하고 싶은 마음입니다. 그래서 우리가 함께 살아온 시간이 소중한 만큼, 남은 시간을 어떻게 의미 있게 만들어 갈지 고민하게 됩니다.

스밀라가 제 곁에 없어도 보고 싶을 때 꺼내 볼 수 있도록 고양이 수염이나 발톱 껍데기, 털 등이 눈에 띄면 그때그때 모으고 있습니다. 나중에 스밀라를 떠나보내면 동물 전용 장례식장에서 화장할 생각인데, 받아 올 유골함 곁에 놓아두려고 해요.

예전에는 스밀라의 사진만 찍었지만, 요즘은 동영상도 틈틈이 찍어 보고 있습니다. 스밀라의 빛나는 초록색 눈동자, 나를 보며 천천히 눈을 감았다 뜨는 고양이 키스의 순간, 간식 달라고 쩌렁쩌렁 외치는 목소리를 오래 기억하고 싶어서요.

아무리 소중했던 기억도 기록해 두지 않으면 사라져 버

립니다. 그러니까 고양이를 키우게 된다면, 내 고양이가 살았던 시간의 기록을 되도록 많이 남겨 두세요. 글로, 사진으로, 그림으로, 영상으로… 여러분이 할 수 있는 모든 방법을 동원해서요.

한 생명이 완전히 사라지는 순간은 숨을 거두었을 때가 아니라, 그를 기억하는 사람이 아무도 남아 있지 않을 때라고 합니다. 만약 여러분이 사랑하는 고양이를 끝까지 기억해 준다면, 비록 만날 수 없어도 마음속에서는 영원히 살아 있을 거예요.

## '우리 모두의 고양이'를 위한
## 고민과 실천

여기까지 읽는 동안, 고양이 키우는 걸 좀 더 신중히 고민한 후 결정하기로 한 사람이 생겼을지 모릅니다. 그렇다면 제 글은 소기의 목적을 달성한 셈입니다. 고양이를 키우는 사람이 무턱대고 늘기만 하는 것보다, 소수일지라도 책임감 있게 고양이를 키우는 사람이 생기길 바라니까요.

'집에서 키울 수 없지만 그래도 고양이를 돌보는 기쁨

은 포기 못 하겠어!' 하고 생각하는 분이 있다면, 좋은 대안 하나를 알려 드릴게요. 바로 내 주변 길고양이 문제에 관심을 가지고 그들이 행복할 수 있도록 돕는 일입니다.

실은 제가 2002년부터 길고양이를 찍기 시작한 것도 부모님 반대로 고양이를 키울 수 없어서였어요. 지금이야 스밀라를 손녀처럼 아끼시지만, 원래 어머니는 고양이를 무서워하셨거든요. 아버지는 "동물은 마당에서만 키워야 한다"고 믿는 분이었고요. 가족의 동의를 얻을 수 없다면, 독립한 뒤에나 고양이와 살 수 있겠다 싶었죠. 그때 "키울 수 없다면 사진만이라도 간직하고 싶다"는 마음이 들었고, 자주 만나는 골목 고양이들을 찍기 시작했어요.

요즘이야 고양이 사진작가들이 많이 생겼고 길고양이 사진 에세이도 흔히 볼 수 있지만, 제가 활동을 시작한 2000년대 초반만 해도 길고양이를 찍고 있으면 "그런 걸 왜 찍어?"라는 반응이 돌아오기 일쑤였어요. 몸을 낮추고 길고양이 눈높이에서 찍어야만 좋은 사진이 나오기 때문에, 땅바닥에 주저앉기 편한 청바지에 허름한 옷차림으로 다니다 보니 오해를 받기도 했죠. 차 밑에 들어간 길고양이를 찍으려고 엎드린 것뿐인데 어디 아프냐고 걱정스러운 눈

길을 받은 적도 있고, 음식점 골목 쓰레기봉투를 뜯는 길고양이를 찍다가 '식당 파파라치' 아니냐고 추궁당하기도 했고요.

하지만 사진 찍기를 멈출 수 없었던 건, 제 사진을 본 사람들이 "길고양이에게도 이런 모습이 있었네요?" 하며 놀라워하는 모습을 숱하게 접했기 때문입니다. 대개 길고양이는 사람을 보면 겁먹거나 빠르게 달아나기 일쑤지만, 사진 속 고양이들은 지극히 평화롭게 보였거든요.

저는 길고양이가 편안해질 때까지 근처에서 기다렸다가, 고양이가 '저 사람은 해롭지 않은 사람인가 보다' 하고 마음을 놓는 순간 사진을 찍기 시작했어요. 그 사진들은 길고양이가 당시 여러 언론 매체에서 묘사한 것처럼 '도시의 무법자'나 '유해 동물' 같은 존재가 아니라, 우리처럼 희로애락을 느끼고 사랑하며 살아가는 생명이라는 것을 담담하게 보여 주었습니다.

저는 길고양이도 우리와 함께 도심 생태계에서 살아가야 할 존재라는 메시지를 사진으로 전하고 싶었어요. 아직 고양이 출판사를 시작하기 전이라서 기자로 일할 때였는데, 제 글과 사진으로 길고양이에 대한 인식을 바꿀 수 있다고 생각하니 더 적극적으로 그 일에 뛰어들게 되더라고요. 특히 길고양이를 부정적으로 다룬 뉴스를 보면 '다른 시각의 기사를 직접 써 보고 싶다'고 생각했어요. 처음에는 블로그에 고양이 사진을 올리는 것으로 시작했지만, 이 작업은 점차 길고양이만을 위한 특집 기사로 확장되었고 길고양이에 대한 책을 쓰는 일로 이어졌습니다.

2007년 첫 책을 출간하고 나서, 세계의 고양이 문화를 답사하고 좋은 사례를 소개하고 싶어서 해외 취재를 시작했습니다. 특히 일본에서 매년 열리는 다양한 지역 고양이 축제에 다녀오고, 세계 각국에서 기념하는 '고양이의 날' 사례를 수집하면서 우리나라에도 그런 날이 있었으면 좋겠다고 생각했어요. 8월 8일은 국제동물복지기금IFAW이 제정한 세계 고양이의 날, 2월 22일은 일본 고양이의 날, 심지어 영국 왕립동물학대방지협회RSPCA가 제정한 검은 고양이의 날(10월 27일)도 있는데, 우리나라만 고양이 기념일이 없더라고요.

그래서 '일 년에 단 하루만이라도 고양이의 생명을 생각하는 날이 있었으면 좋겠다'는 마음으로 2009년 9월 9일 제1회 한국 고양이의 날을 창안하고 기념행사를 시작했어요. '고양이 목숨은 아홉 개'라는 민담에 착안해 강한 생명력을 상징하는 '아홉 구九', 세상 모든 고양이가 주어진 수명을 오랫동안 누리길 기원하는 '오랠 구久'의 의미를 따서 정한 날짜이지요. 그때부터 매년 9월 9일이 돌아오면 다양한 고양이 작가들과 함께 기획 전시를 열고, 전시한 작가들의 작품을 엮어 책으로 만들고 있어요.

이 모든 작업은 거창한 포부에서 시작된 게 아니라 '고양이를 키우고 싶지만, 그럴 수는 없으니 뭐라도 해 보고 싶은 마음'에서 시작된 것입니다. 저는 사진 찍고 글 써서 책 만드는 일이 직업이었으니 좀 더 쉽게 이런 일을 할 수 있었지만, 학생 신분으로도 고양이를 위해 할 수 있는 일은 분명 있을 거예요. 우리 동네 길고양이들은 어떻게 살고 있는지 관찰하고, 그들을 위해 무엇을 할 수 있는지부터 고민해 보면 좋겠네요. 모두가 똑같은 방식으로 동물 보호 운동에 나설 필요는 없습니다. 내가 좋아하고 가장 잘할 수 있는 일을 선택해서, 지치지 않고 계속하면 됩니다.

길고양이를 위해 활동할 때는 주의해야 할 점이 있어요. '교감'이라는 명목 아래 길고양이를 사람 손에 길들이지 않는 일입니다. 생텍쥐페리의 소설 『어린 왕자』에는 여우가 어린 왕자에게 이런 말을 하는 대목이 나와요.

"만약 오후 네 시에 네가 온다면, 난 세 시부터 행복해지기 시작할 거야."

길고양이도 마찬가지랍니다. 기본적으로는 사람을 경계하지만, 꾸준히 먹을 것을 주고 사랑해 주는 사람은 믿고 따라요. 밥을 챙겨 주는 사람이 올 때가 되면 근처에 있다가 강아지처럼 반갑게 달려오기도 한답니다. 나만 기다려 주는 그 모습은 분명 귀엽고 사랑스럽겠지요.

하지만 길고양이가 사람을 경계하지 않게 되는 건 위험해요. 우리가 사는 세상엔 고양이를 괴롭히는 사람도 있으니까요. 사람 손에 길든 길고양이는 동물을 학대하는 사람에게도 경계심을 풀고 다가갈 수 있어요. 그러니 길고양이가 사람에게 경계심을 유지할 수 있도록 '안전거리'를 지켜 주세요. 특히 손으로 간식을 먹이거나 쓰다듬는 일이 반복되면, 길고양이는 사람 손을 두려워하지 않게 되고 말아요. 동물 학대범의 표적이 될 가능성도 늘어나고요.

2021년 8월, 국립국어원에서 발표한 '2021년 2분기 표준국어대사전 정보 수정' 주요 내용 중에는 반가운 내용이 포함돼 있었습니다. 길고양이란 말은 애묘인 사이에서는 공식화된 표현이지만, 그전까지는 표준국어대사전에 등재되지 않은 단어였어요. 길고양이를 뜻하는 표현으로는 부정적인 어감의 '도둑고양이'가 그 자리를 차지하고 있었죠. 그런데 이제 '길고양이'가 길에서 살아가는 고양이를 지칭하는 올바른 단어로 인정받게 된 것입니다.

동물에 대한 인식이 도무지 변하지 않을 것 같은 세상도, 동물의 행복을 위해 활동하는 사람들의 수많은 노력으로 천천히 바뀌어 가고 있습니다. 고양이를 사랑하는 여러분의 마음과 행동이, 그 변화에 힘을 실어 주는 원동력이 되기를 진심으로 바랍니다.

길고양이가 편안해질 때까지 기다렸
다 찍은 사진들은 이들 또한 우리처
럼 희로애락을 느끼고 살아가는 생
명임을 보여 준다.

길고양이를 사랑하되 길들이지는
말아야 한다. 적당한 심리적 거리가
길고양이의 안전을 지켜 준다.

1년에 하루만이라도 고양이의 생명을 생각해 보자는 뜻으로 만든
9월 9일 한국 고양이의 날. 매년 9월이면 다양한 기념전과 부대 행사가 열린다.

길고양이가 길 한복판에 발라당 누워 있어도 안전한 세상,
언젠가 우리 힘으로 만들 수 있을 것이다.

# 길고양이 돌봄을 시작할 때 궁금한 점들

### Q: 길고양이 밥은 어떻게 줘야 되나요?

A: 사람용 음식은 주지 말고, 고양이 전용 사료와 깨끗한 물을 준비해 주세요. '길고양이 급식소'로 검색하면 밥자리에 비가 들이치지 않게 만든 가림막 상자도 판매하고 있으니 설치하면 좋습니다. 간식 캔 등은 먹고 나면 바로 치우고 주기적으로 밥자리를 청소해 주세요. 이웃과 다툼이 생길 수도 있으니까요. 되도록 내가 책임지고 관리할 수 있는 장소에 밥을 두세요.

### Q: 길고양이 중성화 수술 꼭, 해야 하나요?

A: 밥자리에 길고양이가 늘면 영역 다툼이 생기고, 발정기의 특유한 울음소리 때문에 주민 민원이 들어올 수 있어요. 그래서 포획Trap 후 중성화 수술Neuter을 하고, 한쪽 귀 끝을 1cm쯤 잘라 표시한 후 살던 곳에 방사Return해 길고양이 수를 인도적으로 조절합니다. 이런 활동의 영문 머리글자를 따서 'TNR'이라고 합니다. 각 지자체 지역경제과 또는 일자리경제과에 문의하면 도움을 받을 수 있어요. TNR 신청 시 '제자리 방사'를 요청하고, 수술 후 잘 회복했는지 살펴 주세요.

Q: 길고양이를 돌보는 사람들과 교류하고 싶어요.

A: 고양이의 권익을 위해 결성된 동물 보호 단체로 한국고양이보호협회www.catcare.or.kr가 있습니다. 또한 페이스북 그룹 '전국길고양이보호단체연합(전길연)'www.facebook.com/groups/voiceforcats에는 길고양이를 돌보는 사람들의 풀뿌리 모임 80여 곳이 활동 중이에요. 페이스북 '미디어' 란을 클릭하면 참여 단체 목록이 보이므로, 내가 사는 곳과 가까운 모임을 찾아볼 수 있어요. 혼자 길고양이를 돌보다 보면 막막하게 느껴지는 순간이 와요. 그럴 때 마음을 나누고 어려운 문제를 함께 고민해 줄 이웃이 있다면 큰 힘이 되지요.

Q: 로드킬을 당한 고양이를 보면 어떻게 하죠?

A: 교통사고로 죽은 고양이는 몸이 많이 훼손되어 혼자 수습하기 어려운 경우가 많아요. 또 위험한 도로 한가운데에서 수습하려다 2차 사고를 당할 수도 있으니 다음 전화번호로 신고해 주세요. 일반도로에서 발견했다면 다산콜센터(지역번호+120)나 환경부(지역번호+128)로, 고속도로라면 한국도로공사(1588-2504)로 전화합니다. 발견한 위치를 자세히 기록한 뒤 신고해야 수습에 도움이 됩니다.

# 동물의 본래 모습

# 야생 동물

**김산하**(야생 영장류 학자, 생명다양성재단 사무국장)

동물이라는 글자를 보고 무엇을 떠올리는가? 세상엔 수많은 종류의 동물이 있기에 아마 사람마다 매우 다를 것이다. 하지만 자연에 존재하는 다양성만큼이나 다양한 동물을 생각할까? 즉, 만약 백 가지 동물이 있다면 사람들이 동물이라는 말을 듣는 순간 각자 백 가지 다른 동물을 머릿속에서 그릴까? 그렇지 않을 공산이 크다. 이 책에도 동물 전체로 보면 너무나 작은 일부분인 개와 고양이에게 별도의 장을 하나씩 할애하고 있지 않은가. 아마 많은 이들이 이른바 우리에게 '익숙한' 동물을 먼저 생각할 가능성이 높다. 개와 고양이를 필두로, 각종 가축이나 기타 사육 동물이 많은 이들에게 동물의 대표처럼 느껴질 것이다.

## 무엇이
## '야생'일까?

하지만 동물의 본질적인 의미를 생각하면 이는 거꾸로 된 형국이다. 인간이 지구상에 도래한 건 겨우 20만 년 전. 지구의 나이가 약 46억 년인 걸 감안하면 대부분의 세월 동안에 없다가 이제야 겨우 등장한 셈이다. 그래서 지구의 역사를 1년에 빗대었을 때 1월 1일을 시작으로 치면, 현대 인류가 나타난 건 12월 31일 11시 59분 45초 정도라고 하는 것이다. 즉, 지구의 여러 생물 중 가장 막내 격이라 할 수 있다.

인간이 동물을 기른 역사는 그보다도 훨씬 짧다. 지금껏 존재한 동물들의 절대 다수는 인간과 상관없이 자연 속에서 자신의 삶을 살았다. 아니 그것도 조금 이상한 말이다. 왜냐하면 동물 그 자신들도 곧 자연이기 때문이다. 자연의 일부이면서 자연 상태로 사는 것, 그것이 동물의 원래 모습이다. 동물이라는 단어를 보고 떠오르는 형상은 우리 집 마룻바닥에 뒹굴고 있는 어떤 것이 아니라 저 산과 들에서 뛰노는 것임이 마땅하다.

그런 동물을 바로 야생 동물이라 부른다. 인간의 영향력 아래에서 인간의 손을 거치는 동물 말고, 들野에서 태어나고 사는生 동물이다. 물론 여기서 들은 산, 바다, 습지, 하늘 등 다른 모든 자연 서식지를 의미한다. 한마디로 자연의 존재인 것이다. 야생 동물의 여러 정의를 살펴보면 비슷하게 풀이한 것을 볼 수 있다. 백과사전에서는 '자연 그대로 나서 자연 그대로 자라는 동물'이라고 하고, 대전야생동물구조관리센터에서는 '인간에 의해 길들여지지 않고 자연 환경에서 자유로이 떠돌아다니는 생명체'라고 한다. 자연의 있는 그대로 길들여지지 않은 채로 자유롭게 산다는 점이 핵심으로 나타난다. 그만큼 야생과 자유는 서로 통하는 개념이다.

법에서도 야생 동물을 규정하고 있다. 야생생물보호법 제2조 제1호를 보면 '야생 생물이란 산·들 또는 강 등 자연 상태에서 서식하거나 자생하는 동물, 식물, 균류·지의류, 원생생물 및 원핵생물의 종種'이라고 되어 있다. 어려운 이름의 생물을 다 모르더라도 야생의 생물엔 동물만 있지 않다는 것을 알 수 있다. 여기서도 자연 상태에서 서식하고 자생한다는 점에 초점이 맞춰져 있음이 잘 드러난다.

결국 뭔가 알아서 살아간다는 점이 중요한 것이다. 영어로 야생은 wild이다. 이 단어의 어원은 고어古語인 'wildeor'에서 온 것인데 이는 '스스로의 의지를 가진self-willed'이라는 뜻이라고 한다. 자신의 의지와 뜻에 따라 스스로 사는 게 야생의 의미라면, 그리고 앞서 살펴본 정의에서 나온 것처럼 자연 그대로와 자유로운 삶이 핵심이라면, 이제 야생 동물이라는 단어가 다르게 보일 것이다. 야생 동물의 야생성이야말로 동물을 가장 동물답게 만들어 주는 것이다. '동물' 하면 '야생 동물'을 우선적으로 의미한다는 사실을 깨달을 수 있을 것이다. 이제부터 동물이라는 단어 앞에 야생이라는 수식어가 생략되었음을 기억하도록 하자.

그렇다면 이제 야생 동물의 세계로 들어가 보도록 하자. 그들이 사는 숲과 들판과 강과 하늘을 함께 누비면서 야생의 삶이 어떻게 벌어지고 펼쳐지는지 알아보도록 하자. 아래에는 야생 동물을 이해하는 데 필요한 몇 가지 중요한 개념을 소개하고자 한다. 각 개념을 쉽게 전달하기 위해 하나의 동물을 선정하고 그 동물을 중심으로 펼쳐 보게 될 것이다. 본 글에서 다루는 몇 종류의 동물과 개념으로 야생 동물의 세계를 충분히 설명하기는 불가능하지만, 어떤 대표적인 것으로 인식한다면 야생 동물에 대한 나름의 기본적인 소양을 갖추는 데엔 다소 도움을 줄 수 있을 것으로 기대한다.

## 물속을 멋지게 가르다
## – 수달로 본 서식지

물속을 멋지게 가르며 수영하는 수달의 모습. 동물원이나 언론 매체에서 한 번쯤 봤을 장면이다. 수달은 물과 떼어 놓고 생각할 수 없을 정도로 수생 환경에 잘 적응한 명실공히 물의 동물이다. 수달에게 물이 중요하다는 건 누구나 아는 사실이지만, 그 물이 가지는 중요성을 제대로 이해하는 사람은 드물다. 왜냐하면 여기서 물은 단순히 $H_2O$라는 어떤 물질을 말하는 게 아니기 때문이다. 수달에겐 물이 곧 '서식지'를 의미한다. 서식지란 말 그대로 동물이 서식하는 땅이다. 그리고 야생 동물에게 이보다 더 중요한 것은 없다.

"사람도 사는 데 집이 필요한 것처럼 동물도 집이 서식지인 거지?"라고 묻는다면 완전히 틀린 말은 아니지만 그렇

수달은 물의 동물이다. 수달에겐 물이 곧 서식지를 의미한다.
사진 Unsplash 제공 @charlottebrayleyartist

다고 맞는 말도 아니다. 사람도 자기 집만 있어 가지곤 살수 없기 때문이다. 식량이 생산되는 농지가 있어야 하고, 각종 필요한 물건들이 만들어지는 공장도 필요하다. 그 모든 것을 다 합친 총체가 인간의 삶을 이루는 토대가 된다. 동물도 마찬가지이다. 사람의 집에 해당되는 건 동물의 굴이나 둥지나 나무 구멍 같은 것이다. 그 작은 보금자리를 벗어나 먹이와 짝을 찾아 나서는 넓은 공간이 필요하다. 그리고 그 공간은 먹이와 짝이 자연적으로 발생하는 곳이어야 한다. 바로 그 공간을 서식지라 하는 것이다.

어쩌면 너무나 당연한 말인지도 모른다. 동물에게 서식지가 필요하다는 말이. 하지만 너무도 쉽게 생각하거나 오해되는 말이기도 하다. 가령 수달이 살려면 물이 있어야 한다면 물이 풍부한 한강이야말로 수달에게 꼭 맞는 서식지가 아닐까? 눈에 잘 안 띄어서 그렇지 지금 물속에 잔뜩 살고 있을지 모를 일이다. 답은 정반대이다. 수달은 한강에서 한때 자취를 감췄던 동물이다. 자연적인 모습을 급속도로 잃은 한강에서 1997년에 마지막으로 관찰되었던 수달은 거의 사라진 듯 했다가 2016년이 되어서야 다시 발견되었다. 이제는 한강과 지천에서 계속해서 발견되고는 있지만 아직은 몇 개체가 되지 않는 것으로 추정되고 있다.

왜일까? 그것은 한강이 지나치게 인공적으로 개발되었기 때문이다. 한강을 비롯해 전국의 많은 강들이 원래의 자유로운 굴곡을 똑바로 만드는 직선화 정비의 대상이 되었다. 강이 직선화될수록 유속이 빨라지고 수생 생물이 살기는 어려워진다. 또한 강변은 콘크리트와 같은 딱딱한 재질의 제방으로 뒤덮여 자연적인 모습을 잃었다. 원래 강의 옆이면 어김없이 있어야 할 수변 식물이 사라지고 대신에 아무런 먹이도, 쉴 곳도 제공하지 못하는 밋밋한 인공 제방이 차지하고 있는 것이다. 실제로 수달은 바위와 식생이 동시에 존재하는 환경적 조건을 가장 선호한다. 바로 자연 상태의 강변에서 종종 볼 수 있는 그런 모습 말이다. 차로 달리면서 한강변을 관찰해 보라. 바위와 식생이 어우러진 구간은 거의 눈에 띄지 않는다.

서식지란 바로 그런 곳이다. 그저 공간만 있다고 되는 것이 아니다. 동물이 사는 데 필요한 모든 요소들이 다 갖춰지고, 그러면서 동시에 인간으로부터 크게 방해받지 않아야 비로소 야생 동물의 서식지가 될 수 있다. 요소라 하면 어떤 것들을 말하는가? 수달의 경우 우선 보금자리, 배

수달은 바위와 식생이 동시에 존재하는 환경적 조건을 가장 선호한다.
사진 Pixabay 제공 @smartart

수달은 보금자리, 배설 및 섭식 장소, 털 말리는 장소, 휴식 장소, 놀이 공간,
은폐물 등의 요소가 있는 곳이 필요하다.
사진 Pixabay 제공 @parkstonephotography

설 및 섭식 장소, 털 말리는 장소, 휴식 장소, 놀이 공간, 은폐물 등의 요소가 있는 곳이어야 한다. 다른 말로 하면, 제대로 된 습지이어야 한다. 동물이라고 해서 아무 데서나 막 산다고 생각하면 큰 오산이다. 인간이 살기 위해 주택, 도로, 전기, 가스, 수도 등의 인프라와 농업, 산업, 서비스업 체계 등 매우 다양한 요소를 필요로 하는 것과 마찬가지이다. 게다가 수달의 먹이는 평균적으로 어류가 71%, 조류 24%, 기타 4%, 양서류 1% 등으로 나타난다. 수달이 이 다양한 먹이를 먹으려면 이 모든 먹이 동물이 필요로 하는 조건 또한 전부 갖춰져야 한다. 하나의 서식지가 되기 위해선 수많은 생물의 서식이 동시에 가능해야 하는 것이다.

그것만이 아니다. 수달은 자신이 차지한 강을 따라 약 9~15km의 거리를 자신의 영역으로 삼는다. 여의도를 한 바퀴 다 도는 것보다 길고, 서울 시내 한강의 총 길이가 41.5km인 걸 감안하면 얼마나 넓은 공간을 필요로 하는지 실감이 간다. 한 동물이 필요로 하는 공간도 크지만, 문제는 그 동물의 새끼도 똑같은 공간이 필요하다는 점이다. 모든 동물은 번식을 통해 세대를 이어 가고 그것이 끊기면 결국 멸종이 될 수밖에 없다. 현재 몇 마리가 살 공간이 충분

강에서 물고기를 먹는 수달. 수달의 먹이는 평균적으로 어류가 71%,
조류 24%, 기타 4%, 양서류 1% 등으로 나타난다.
사진 Unsplash 제공 @mark stoop

한지가 중요한 것이 아니라, 미래에 그 동물의 자손들도 뻗어 나갈 곳까지 있어야 하는 것이다. 이 모든 것을 종합해 보면 서식지가 얼마나 중요하고, 요즘처럼 인간의 영향이 모든 곳에 미치는 지금, 얼마나 어려운 것인가 새삼 깨닫게 된다. 그만큼 야생 동물에게 있어서 서식지만큼 중요한 것은 없음을 명심해야 한다.

## 식물의 씨앗을 퍼뜨려
## – 멧돼지로 본 생태

야생 동물에 대한 일반인의 관심이 많지 않은 요즘 시대에도 꾸준히 세간에 오르내리는 종이 하나 있다. 바로 멧돼지이다. 동물과 전혀 무관한 삶을 살고 있는 사람도 한 번쯤은 뉴스에서 멧돼지 소식을 듣게 된다. 물론 좋은 의미의 소식은 아니다. 주로 멧돼지가 갑자기 도시에 나타나서 소동을 일으켰다든가, 아니면 밭에 들이닥쳐 농작물을 훼손하였거나, 어떤 질병을 옮긴다는 등 매우 부정적인 시각으로 묘사한 멧돼지의 모습이다. 사람에게 부정적이라면 멧돼지에겐 더더욱 그렇다. 왜냐하면 멧돼지를 이렇게 좋지 않은 시선으로 보는 데에 그치지 않기 때문이다. 도심에 나타났다 하면 반드시 사살해야지만 사태가 수습되고, 지난 약 2년간은 아프리카돼지열병이란 질병을 옮긴다는 이유로 수천 마리가 사냥되었다. 이유가 무엇이건 간에 놀라운 것은 사람들의 반응이다. 멧돼지를 죽이는 것이 마치 너무나 당연하고 정당한 행동인 양 사회 전체가 환영마저 하는 분위기이기 때문이다.

그래서 '유해 조수' 하면 멧돼지를 떠올리는 이들이 많다. 유해 조수는 한마디로 '해를 일으키는 짐승'이라는 뜻이다. 환경부는 '사람의 생명이나 재산에 피해를 주는 야생 동물'을 '유해 야생 생물'이라고 지정하고 있다. 다른 부서도 아닌 환경부가 이 땅에 예부터 살아온 생물에게 이렇게 부정적인 딱지를 붙이는 것을 보면 야생 동물에 대한 시각이 얼마나 왜곡되어 있는지 알 수 있다. 왜냐하면 한 동물이 다른 동물에게 해를 끼치는 걸로 치면 인간보다 더한 생물은 없기 때문이다. 그리고 유해하다는 것은 매우 편협한 관점에 국한된 얘기이다.

실제로 멧돼지가 농작물 피해를 일으키는 것도, 간혹 도시에 나타날 때엔 많은 사람들을 당황시키는 것도 사실

멧돼지는 겁이 많아 먼저 공격하지 않는 이상 달려들지 않는다.
사진 Pixabay 제공 @PublicDomainPictures

이다. 심한 경우엔 사망 사고가 일어나기도 한다. 하지만 이 것은 매우 드문 일이다. 대부분의 경우 멧돼지는 겁이 많아 먼저 공격하지 않는 이상 달려들지 않는다. 그리고 멧돼지로 인한 농작물 피해는 전체 규모로 봤을 때 극히 미미한 양이다. 하지만 멧돼지로 인한 피해가 어느 정도이냐가 핵심이 아니다. 인간에게 피해를 주는지 안 주는지 여부에 따라 야생 동물의 가치를 판단할 수는 없는 것이다. 야생 동물은 우리의 문명보다 더 큰 세계 안에서 살고 작동하는 존재이기 때문이다. 한 생물이 자연 속에서 어떤 위치를 차지하며 살고 있는지를 알아보기 위해서 우리는 생태로 눈을 돌려야 한다.

생태는 간단히 말하면 어떤 생물과 그 생물이 속한 자연환경 간의 관계이다. 앞서 수달 이야기에서 살펴본 것처럼 모든 동물은 어떤 서식지 안에서 생활한다. 그 안에서 그 동물이 먹는 모든 생물, 그를 먹는 모든 생물, 그의 몸속에 침투하는 모든 균 및 기생충, 그 몸이 스치는 모든 나무와 수풀 등등. 이 모든 것들과의 직간접적 관계의 총체가 바로 생태이다. 만약 각각의 관계를 하나의 끈으로 형상화한다면 아마 동물마다 너무나 수북한 끈의 다발이 몸의 사방팔방에서 뻗어 나가는 모습을 그려야 할 것이다. 왜냐하면 한 생물이 맺는 생태적 관계는 너무나 많고 다양하기 때문이다.

그렇다면 멧돼지를 논함에 있어서 왜 생태를 언급하는 것인가? 사람들의 입장에서는 멧돼지가 단순히 피해를 일으키는 골칫덩어리인지 모르지만, 그것은 생태를 전혀 고려하지 않은 단편적 시각이기 때문이다. 다른 모든 동물과 마찬가지로, 멧돼지는 자신의 서식지의 각종 생물 및 무생물과 다양한 생태적 관계를 맺고 살아간다. 그리고 그 관계는 때로는 우리가 미처 예상하지 못한 방식으로 드러나기도 한다.

가령 멧돼지는 자신의 몸을 나무에다 비비는 습성이 있다. 어떤 때는 같은 나무를 심하게 비벼서 상처를 내기도 할 정도이다. 이렇게 비비기 위해 활용하는 나무를 비빔목이라고 한다. 나무에다 피부를 비비는 이유는 가려움증을 해소하거나 기생충을 떼어 내거나 영역을 표시하기 위해서이다. 그래서 어떤 비빔목의 껍질을 보면 끝이 서너 갈래로 갈라진 멧돼지의 털이 끼어 있는 것을 볼 수 있다. 어떤 비빔목은 멧돼지가 수년 간 지속적으로 이용해서 나무껍

멧돼지는 진흙이 있는 곳을 발견하면 그곳에 뒹굴어 목욕하길 좋아하는데
이것은 기생충 등을 털에서 제거하는 역할을 한다.
사진 Pixabay 제공 @katerinavulcova

질이 심하게 손상되기도 한다. 이것만 보면 마치 또 하나의 피해를 일으키기는 것처럼 여겨진다. 하지만 이렇게 비비는 행동이 식물의 씨앗을 퍼뜨리는 역할을 한다는 것이 바로 생태의 묘미인 것이다.

멧돼지는 잡식성으로 식물의 열매나 뿌리, 특히 참나무의 열매인 도토리를 좋아한다. 진흙이 있는 곳을 발견하면 그곳에 뒹굴어 목욕하길 좋아하는데 이 역시 기생충 등을 털에서 제거하는 역할을 한다. 보통 목욕 후에 비빔목을 찾아가서 몸을 비비길 좋아하는데, 바로 이 여러 음식을 먹는 과정, 그리고 진흙 목욕을 즐기는 과정에서 다양한 씨앗이 거친 털에 엉겨 붙는다. 이를 비빔목에서 확실히 털어 줌으로써 한곳의 씨앗이 전혀 다른 곳으로 이동하게 되는 것이다. 식물은 움직일 수 없기 때문에 동물의 힘을 빌려 씨앗을 퍼뜨리는 경우가 많다. 식물 바로 밑에 툭 떨어뜨려 봤자 엄마 식물의 그늘에 가려 클 수가 없기 때문이다. 반면에 동물은 매일 먼 거리를 이동하기 때문에 씨앗은 새로운 장소에서 새로운 기회를 얻을 수 있다. 이를 동물의 종자 분산이라 하는데, 멧돼지는 매우 중요한 종자 분산 동물이다.

실제로 경상남도 거창군 일대의 혼효림(침엽수와 활엽수가 섞인 숲)에서 멧돼지들의 비빔목을 조사한 결과 몸을 비빈 나무 주변에서 식물 1332종이 발견되었다. 비빔목으로 활용하지 않은 나무들(대조군)에서는 769종이 나타난 것에 비해 훨씬 높은 수치이다. 특히 멧돼지들이 즐겨 찾는 비빔목의 경우 그 주변에서 자라나는 다양한 종의 어린 나무의 수가 다른 경우에 비해 3배나 높았다. 즉, 멧돼지의 먹고, 움직이고, 목욕하고, 문지르는 자연스러운 행동이 식물의 종자 분산이라는 매우 중요한 생태적 역할을 한다는 것이다. 위의 경우처럼 털에 붙은 걸 퍼뜨리는 것을 외부 종자 산포, 식물의 열매를 먹고 다른 곳에 배변을 해서 퍼뜨리는 것을 내부 종자 산포라고 한다. 멧돼지의 외부 종자 산포는 노루에 비해 20배나 높을 정도로 숲에서 매우 중요한 생태적 역할을 담당한다고 하겠다.

몸을 비비는 행동은 멧돼지가 살면서 하는 수많은 행동의 극히 일부분에 불과하다. 이 한 가지 행동만 연구했을 때 위와 같은 결과가 나온다면 멧돼지의 삶을 전반적으로 들여다봤을 때 또 어떤 생태적 끈이 술술 풀려나올지 기대해도 좋을 것이다. 예를 들어 멧돼지는 코로 바닥을 파

멧돼지는 코로 바닥을 파헤치며 먹이를 찾는다.
토양에 낙엽을 혼합시켜 토양 내의 미생물이 사용할 수 있는 탄소의 함량을 증가시킨다.
사진 Pixabay 제공 @Thomas G.

멧돼지는 7~8마리에서 12~13마리의 새끼를 낳는다.
멧돼지 새끼들이 어미젖을 먹고 있다.
사진 Pixabay 제공 @1771391

물을 마시는 멧돼지.
사진 Pixabay 제공 @Doc_Oscar

멧돼지는 토양의 바닥 층에 있는 탄소를 토양 심층부로 이동시키는 역할도 한다.
기후 위기 시대에 매우 필요한 행동이다.

@josefka

헤치며 먹이를 찾는 습성이 있는데 이 행동으로 인해 토양의 상태에 영향을 준다. 멧돼지가 바닥 수풀을 파헤치며 일으키는 교란은 농사에서 밭을 가는 것과 마찬가지로 토양에 낙엽을 혼합시켜 토양 내의 미생물이 사용할 수 있는 탄소의 함량을 증가시킨다. 또한 토양의 바닥 층에 있는 탄소를 토양 심층부로 이동시키는 역할도 한다고 한다. 그만큼 지금의 기후 위기 시대에 매우 필요한 행동이라고도 할 수 있다. 비비고 파헤치는 이런 단순한 행동이 일으키는 파장치고는 실로 어마어마하다. 동물의 생태는 이렇듯 한눈에 보이지 않는 깊고, 복잡하고, 다양한 작용과 이어져 있음을 깨달아야 한다. 그리고 바로 이런 생태의 관점으로 멧돼지와 같은 동물을 다시 보아야 하는 것이다.

## 도심에서 새끼 기르기
### – 황조롱이로 본 번식

　사람은 무엇으로 사는가? 러시아의 문호 톨스토이의 소설 제목이다. 이 작품은 인류의 궁극적인 질문을 종교적으로 또 비평적으로 접근하고 있지만 같은 질문을 모든 생물에게 던져 볼 수 있다. 실제로 생물학이 하고 있는 일이 바로 이것이다. 대체 이 세상 생물들은 다 무엇으로 사는지? 이 것을 묻고 있는 것이다. 물론 간단한 해답은 없다. 생물들이 모두 우리 질문에 답을 할 리도 만무하다. 하지만 이것 하나 만은 확실하다. 이 세상을 살아가는 생명에 있어서 가장 중 요한 일 중 하나는 단연 번식이라는 사실 말이다.

번식이란 다음 세대의 자손을 만드는 행위이다. 인간 도 대부분 가족을 만들고 자식을 낳아 기르는 것을 중요하 게 여긴다. 소위 말하는 자식 농사가 바로 사람의 번식을 지칭하는 말이다. 물론 우리는 스스로에게 번식이라는 단 어는 사용하지 않지만 사실은 같은 얘기이다. 하지만 좀 더 깊이 생각해 보면 누구나 하는 것은 아니며, 한다 하더라도 2명이 최대인 것이 요즘 추세이다. 우리에게 번식은 일생에 서 많아 봤자 한두 번밖에 일어나지 않으며, 그것도 보통 30년 이상 다 자라고 나서 하는 특별한 일이다. 즉, 아무리 중요하다 해도 사람이 자식을 낳기 위해 산다고 하긴 어렵 지 않을까? 의문이 들기도 한다.

그러나 이는 매우 최근에만 해당되는 현대인의 이야 기이다. 인간을 포함한 모든 동물이 지금까지 남아 있는 이유는 수백만 년 동안 지속적으로 세대를 이어 왔기 때문이다. 이는 그 장구한 세월 동안 그 수를 다 헤아릴 수 없는 많은 개체의 엄청난 노력이 있었기에 가능했던 일이다. 먹고살기 위한 노력, 그리고 이를 바탕으로 자식을 낳아 어른이 될 때까지 무사히 기르는 노력. 그 노력의 결과가 바로 번식의 성공인 것이다. 문명이 발달하기 전에는 인간도 쉽게 번식하지 못했다. 다른 생물과 경쟁하며 때로는 먹고 때로는 먹히며 힘겹게 생존해 왔다. 아이를 낳아도 어렸을 때 죽는 수가 많았고 커서도 삶은 녹록지 못했다. 하지만 그중에서도 세대를 이어 나가는 데 성공한 사람들 덕에 오늘날 우리가 있는 것이다. 생물은 이어 나가지 못하면 언젠가 끊기는 존재이다. 그때 우리는 그 생물은 멸종했다고 얘기한다.

모든 생물은 존속하기 위해서 번식한다. 그래서 번식의 노력은 도처에서 벌어진다. 포유류나 양서 파충류에 비해 도심 환경에 나름 적응한 조류는 다른 생물에 비해 우리 주변에서 더 용이하게 볼 수 있다. 그래서 이들이 번식하기 위한 노력도 좀 더 잘 관찰하는 것이 가능하다. 그중 한 가지 예로서 여기선 황조롱이를 들고자 한다. 훨씬 더 쉽게 눈에 띄는 까치, 참새, 박새, 직박구리, 비둘기 등의

황조롱이는 부리와 발톱이 날카로운 육식성 새다.
사진 Pixabay 제공 @Franz W.

도시 텃새도 많지만, 흔히들 없다고 여기지만 생각보다 주변에 많고 사냥을 하는 맹금류라 더욱 야생으로 다가오는 종 중 하나가 바로 황조롱이이기 때문이다.

황조롱이는 회색과 적갈색의 깃털을 가진, 길이가 30cm를 좀 넘는 소형 맹금류이다. 맹금류는 부리와 발톱이 날카로운 육식성 새로 독수리나 매로 상징되는 분류군이다. 몸은 작고 나름 귀여운 외모를 가졌지만 도시 환경에 잘 적응한 우리나라의 대표적인 조류 포식자이다. 헬리콥터처럼 한곳에서 가만히 있는 듯 정지 비행을 하며 먹잇감을 찾고 있는 황조롱이의 모습은 도시의 하늘에서 심심치 않게 발견할 수 있다.

이들이 도시 환경에 비교적 잘 적응했다는 것은 둥지를 트는 행동에서 우선적으로 확인된다. 황조롱이와 아파트는 서로 연관 검색어가 될 정도로 단지 내에서 둥지가 발견되는 사례가 제법 빈번하다. 이를 주제로 한 책이나 동화도 출판되어 있고 유튜브에서도 시민들이 직접 집에서 찍은 영상도 다수 발견된다. 실제로 도시에서 둥지를 탐색한 연구에서는 자연적인 곳보다는 인공적인 곳을 선호한다는 것이 나타났다. 부산, 울산, 김해 도심지를 대상으로 한 이

연구에서 황조롱이는 건물의 틈, 아파트 베란다, 선반 등에 번식을 주로 하는 양상을 보였다. 그다음으로 많이 이용되는 곳은 까치가 쓰고 난 둥지였는데, 까치 또한 나무 위나 건물보다 철탑 위에 지은 둥지를 더 자주 이용하였다. 삭막한 건물 숲 사이에서도 이렇게 보금자리를 만드는 야생 동물이 있다는 사실은 도시인에게 일종의 생태적 위안이 되기도 한다.

사람 가까이에서 둥지를 트는 행동은 얼핏 모순적으로 보인다. 모든 동물에게 인간은 자신을 해할 수 있는 무서운 존재이기에 새끼를 키우는 것과 같은 중요하고도 민감한 작업을 건물에서 한다는 것은 위험할 수 있다. 새끼는 아직 자신을 방어할 능력이 없기에 부모가 한순간 방심하면 바로 다른 동물의 먹잇감이 된다. 그렇다고 해서 늘 옆에만 있을 수도 없는 노릇이다. 식솔을 먹여 살리기 위해 분주하게 사냥하러 다니면서 동시에 새끼들의 안전을 살펴야 하는 힘겨운 일이 바로 부모 역할이다. 새끼를 기르다가 도중에 죽으면 그때까지 부모가 쏟은 모든 시간과 노력은 허사가 된다. 다른 말로 하면 번식의 실패라는 뜻이다. 새끼가 성체가 되기 전의 과정 중에 죽는다는 건 자손이 이어질

도시 환경에 잘 적응한 황조롱이는 건물의 틈, 아파트 베란다 등에 둥지를 튼다.
사진 Pixabay 제공 @Kurt Bouda

식솔을 먹여 살리기 위해 분주하게 사냥을 다니는 황조롱이.
주된 먹이는 쥐나 곤충이다.
사진 Pixabay 제공 @vincentvanzalinge

가능성이 소멸되는 것이기 때문이다. 물론 다음을 노리면 된다. 하지만 그때도 성공한다는 보장은 없다. 언제나 위험 요소는 존재하고, 생물의 삶은 늘 만만찮다.

이런데도 불구하고 사람 인근에서 번식을 하는 것이 특징인 황조롱이는 오히려 사람 가까이에서 얻는 이득이 손해보다 높다는 것을 간파한 종이라 할 수 있다. 둥지의 기초가 되는 철제 틀이나 시멘트 벽은 단단하고 안정성이 높으며, 특히 높은 아파트나 건물은 다른 위험한 동물이 접근할 가능성이 매우 적어 새끼를 키우는 데 확실한 이점을 제공한다. 보통 사람들도 자신의 아파트 베란다에서 황조롱이를 발견하면 유해 조수로 인식하지 않는 경향이 있어 바로 쫓아내지는 않는다. 하지만 그렇다고 황조롱이의 걱정이 다 해결된 건 아니다. 왜냐하면 둥지에서 지내는 기간은 알에서 부화한 지 얼마 안 될 때뿐이기 때문이다. 새끼들이 둥지에 비해 몸집이 커지면 그때부턴 주위에 머물면서 독립할 준비를 한다. 새가 둥지 밖으로 나오는 이 단계를 이소fledge라고 한다. 이 단계조차 이르지 못하는 개체가 매우 많다는 사실을 우리는 인지해야 한다. 그만큼 번식은 힘든 일이다.

이소할 때가 된 황조롱이 새끼는 어릴 때 특유의 솜털이 깃으로 바뀌고, 움직임이 활발해지며, 어설픈 비행을 하기 시작한다. 하지만 둥지 곁을 멀리 떠나지는 않고 여전히 음식을 제공받는 등 어미에게 크게 의존한다. 이소의 단계에 이른 황조롱이는 스스로 먹고살 수 있는 능력을 키우는 것이 급선무이다. 이를 하려면 아파트 단지는 그리 좋은 환경이 아니다. 왜냐하면 여기에는 황조롱이의 주된 먹이인 쥐나 곤충이 많지 않기 때문이다. 즉, 아주 어릴 때에 안전하게 있기는 좋아도, 조금 커서 이제 사는 법을 배우기에는 적합하지 않은 환경인 것이다.

그래서 황조롱이가 가장 좋아하는 곳은 도심의 한가운데보다는 바깥쪽으로 들판이나 야산과 거리가 그리 멀지 않은 곳이다. 특히 숲 바로 바깥에 있는 녹지로 나무가 너무 우거지지 않은 곳이나 변두리, 개활지를 선호한다고 한다. 이런 곳이 인접해 있으면 어린 황조롱이들이 학습 및 연습할 사냥감이 많기 때문이다. 둥지 하나의 위치를 선정함에 있어서 번식을 위한 이런 각종 고려가 반영되어 있다는 사실은 생각해 보면 매우 놀랍고도 경이로운 일이다.

적절한 곳에서 자라나고 훈련까지 마친 황조롱이는 모

황조롱이가 가장 좋아하는 곳은 도심의 한가운데보다는
바깥쪽으로 들판이나 야산과 거리가 그리 멀지 않은 곳이다.
사진 Pixabay 제공 @Franz W.

든 준비가 완료되면 이제 집을 떠나게 된다. 그렇게 한 번 어미의 슬하를 떠난 야생 동물은 정말로 다시는 돌아오지 않을 여행을 시작한다. 그때부터는 부모나 형제자매를 어디선가 만난다 하더라도 먹이와 영역과 짝을 두고 경쟁하는 사이가 될 가능성이 높다. 인간의 입장에서 보면 슬프기도 하다. 하지만 어쩌면 그것이 번식의 완성이다. 부모와 경쟁할 정도로 성장했다는 것은 이제 완전히 자랐다는 뜻이며, 그렇기 때문에 계속해서 자손을 이어 나갈 능력을 갖추었다는 의미도 되기 때문이다. 그렇게 번식의 사슬은 이어진다. 성공과 실패의 틈바구니 속에서.

## 멸종 위기 어류
### - 꾸구리로 본 개체군

지금의 환경은 옛날 같지 않다. 당연한 말처럼 들리지만 조금 구체적으로 생각해 보면 상당히 놀라운 일이다. 사실 그리 오래전 옛날도 아닌, 그러니까 필자가 어린 시절을 보낸 1980~90년대를 떠올려 보자. 이미 아파트 생활이 일반화되고 올림픽을 개최할 정도로 현대화된 시절이었다. 그럼에도 이때를 사는 아이는 집 앞을 나서자마자 자연을 누빌 수 있었다. 그보다 더 과거처럼 아무 논두렁에나 들어가 미꾸라지를 찾을 환경은 아니었어도, 아파트 단지 녹지 안에서도 온갖 생물을 관찰할 수 있었다. 그래서 곤충 채집이 매우 일반적인 방학 숙제였고 아무 전문적 지식도 없는 아이가 동네 공원에서 수십 종을 만났던 시대였다.

같은 맥락에서 가장 달라진 점 하나를 꼽으라면 이젠 거의 사라진 계곡의 즐거움이다. 산의 계곡에 흐르는 물에서 놀면서 그곳의 온갖 신기한 생물을 발견하는 일 말이다. 이제는 인구가 많아지고 훼손이 심해져서 계곡에 접근이 금지된 곳이 많다. 그곳을 보호하기 위해 필요한 조치이지만 동시에 자연에 풍덩 빠지는 경험을 하지 못한다는 것은 매우 안타깝다. 하지만 더욱 안타까운 것은 물고기라는 동물에 대한 감을 잃는 현상이다.

물고기는 엄연한 야생 동물이다. 그런데도 그런 취급을 받지 않는다. 아마 야생 동물이라는 단어를 듣고서 물고기를 떠올리는 사람은 많지 않을 것이다. 참으로 이상한 일이 아닌가? 사실 눈에 잘 띄지 않는 야생 포유류보다 오히려 우리에게 가까이 있는데도 말이다. 인간이 육상 동물이라 그런 것도 있겠지만, 위에서 말한 어린 시절의 물고기 탐험이 사라진 점도 큰 몫을 하리라 생각해 본다. 햇빛이 비치는 얕은 물에서 꼬리를 살랑거리는 물고기의 영롱한 모습을 발견하는 기쁨은 누구나 한 번쯤 가져야 할 소중한 기억이기 때문이다.

우리의 강과 개울과 시냇물에 사는 수많은 물고기 중 하나를 등장시키고자 한다. 바로 이름도 독특한 꾸구리이다. 꾸구리는 잉엇과에 속하는 우리나라 고유종 물고기이다. 몸은 전체적으로 갈색에 약간의 점박이 무늬가 있고 몸의 길이는 약 6~7cm 정도이다. 가장 특이한 점은 국내 물고기 중 유일하게 눈꺼풀이 있다는 것이다. 그것도 가로가 아닌 세로로 열리는데 빛이 많으면 좁아지고 적으면 넓어진다. 그래서 '고양이 눈을 가진'이라는 수식어가 붙은 물고기이기도 하다.

꾸구리가 살기 좋아하는 곳은 강의 여울이다. 강에서 약간 경사지면서 깊이가 얕고 물이 빠르게 흐르는 부분을 여울이라 한다. 여울은 물의 움직임으로 인해 산소가 풍부한데 바로 이런 곳이 꾸구리가 좋아하는 서식지이다. 대부분의 하천들이 자연 상태였다면 문제가 없었을 것이다. 그

수중 카메라를 이용해 촬영한 섬강의 멸종 위기 어류 꾸구리.
사진 경향신문 제공

러나 1970년대 이후 대형 댐, 하구 둑이 많이 지어지고 하천이 난개발되면서 강은 자연스러운 모습을 많이 잃었다. 그래서 꾸구리도 2005년부터 환경부가 지정한 멸종 위기 동물이 되었다.

멸종이란 이 세상에서 완전히 없어진다는 걸 뜻한다. 뉴스에서 너무나 자주 오르내리는 말이라 우리는 그게 정말 어떤 의미인지 그 심각성을 충분히 깨닫지 못한다. 멸종을 이해하기 위해서는 개체군의 개념을 이해해야 한다. 생물은 하나하나가 각자의 삶에 집중하며 스스로의 생존을 위해 힘쓴다. 하지만 동시에 좀 더 커다란 집단의 일부분이다. 가령 우리 인간도 한 명의 개인이면서 사회의 구성원이기도 한 것처럼 말이다. 그 사회 속에서 친구도, 배우자도 찾는 것이다. 만약 이런 사회 없이 나 혼자만 산다면 어떨까? 얼마 동안 목숨은 붙어 있을지 모르지만 시간이 지나면 결국 사라지게 될 것이다. 왜냐하면 나와 비슷한 종류의 생물과 만나지 못하면 한시적인 존재일 뿐이기 때문이다. 내가 나와 비슷한 종류의 생물과 만나려면 나는 어떤 개체군population에 속해야 한다. 이것은 모든 동물이 다 마찬가지이다.

꾸구리의 예로 돌아가 보자. 꾸구리의 주요 서식지 중 하나인 섬강을 조사한 연구에 따르면 꾸구리가 강 전체에 걸쳐서 나타났다. 조사된 물고기 중 제일 흔한 종은 피라미였는데 그다음으로 많은 종이 바로 꾸구리였다. 하지만 모든 곳에서 고르게 나타나지는 않았다. 강의 상류와 중류에서는 거의 없었지만 하류에서 집중적으로 분포하는 경향을 보였는데, 이는 하류에 꾸구리가 좋아하는 여울의 면적이 넓었기 때문이다. 같은 섬강에서 벌어진 또 다른 연구는 꾸구리의 수를 직접 조사해 보았다. 강에 존재하는 물고기 전부를 직접 세는 것은 불가능하기에 일부 구간에서 조사하고, 이 결과를 토대로 전체 값을 추정하는 방법을 사용하였다. 그 결과 섬강 일부 구간에서 총 48,141마리의 꾸구리를 확인하였는데, 이를 섬강 전체로 확대해 보면 약 110,000마리가 사는 것으로 추정하였다.

아니, 그 정도면 제법 충분한 것 아닌가? 이런 생각이 들 수도 있다. 바로 그래서 개체군의 개념이 중요한 것이다. 위의 섬강의 예처럼 꾸구리는 그 수가 적지 않았지만 강 전체에 고르게 있지 않고 하류에 몰려 있었다. 즉, 하류에 큰 개체군이 하나 있다고 할 수 있으며, 나머지 강 전체에는 몇몇 개체들이 흩어져 있었다. 그 흩어진 개체들은 잡아먹히거나 짝을 만나지 못해 점점 그 수가 적어질 가능성이 높다. 하류의 개체군은 현재로서는 괜찮지만 한곳에 다 모여 있는 만큼 큰 사고가 한 번 일어나면 다 없어질 수도 있다. 즉, 개체군이 계속해서 유지되기 위해서는 훨씬 크고 여기저기에 많이 있어야 하는 것이다. 그래야 꾸구리의 사회도 우리의 사회처럼 다양하고 건강하게 돌아갈 수 있기 때문이다.

하천 공사로 계속해서 살기가 힘든 꾸구리에게 새롭게 닥친 위기가 있다. 그건 바로 꾸구리가 좋아하는 얕은 개울을 질주하는 자동차들이다. 도로를 벗어나 달리는 재미를 추구하는 이른바 '오프로드' 자동차 운전자들은 일부러 찻길을 벗어나 강 속으로 뛰어들어 자갈 위를 달린다. 바로 꾸구리의 집인 여울을 무참히 짓밟는 것이다. 설상가상으로 군대 장갑차들이 훈련을 목적으로 같은 피해를 일으키고 있다. 이에 대해 비판이 일자 그들은 물고기 한두 마리 죽는다고 뭐가 대수냐고 반문한다. 하지만 한두 마리의 목숨도 소중하며, 더욱이 몇 마리씩 계속 죽이다 보면 개체군이 무너지고, 그러면 결국 멸종에 이른다는 것을 깨달아야

꾸구리가 좋아하는 얕은 개울을 질주하는 자동차.
물고기 한두 마리의 목숨도 소중하며, 계속 죽이다 보면 개체군이 무너지고,
결국 멸종에 이른다.
사진 Unsplash 제공 @brice_cooper

한다. 멸종은 말 그대로 끝이다. 그 끝은 꾸구리도, 우리도 결코 원하는 바가 아니다.

## 누구에게도
## 구속당하지 않을 자유

　동물이 없다면 우리의 삶이 어땠을까? 식탁에 오르는 동물은 물론, 우리의 상상력을 자극하는 동물, 우리의 문화에 등장하는 동물, 그리고 그냥 저 어딘가에 있는 동물. 우리 스스로가 동물이라서 그런지 다른 동물의 존재는 우리에게 유난히 의미 있게 다가온다. 실제로 우리도 커다란 생태계의 일원이기에 이러한 감각이 여전히 남아 있는 것인지 모른다. 이유가 무엇이 됐든 간에, 우리에게 동물이 갖는 중요성은 너무나 크다. 놀라울 정도로 다양하고, 각자 다른 방식으로 날고, 기고, 헤엄치며 살아가는 온갖 생물들에 둘러싸였을 때 인간은 비로소 삶다운 삶을 살 수 있다. 하지만 억지로 잡아다 묶어 놓거나 가둔 동물들을 말하는 것이 아니다. 자신의 뜻과 의지에 따라 사는 동물. 즉, 야생 동물을 말하는 것이다.

동물은 자신이 살고 싶은 대로 살 수 있도록 그 자유를 허락해 줘야 비로소 가장 그 동물다운 면을 발휘한다. 그런 삶을 살고 있는 동물을 바로 야생 동물이라 부른다. 야생 동물은 그저 가축이나 반려동물의 반대말이 아니다. 야생은 가장 원초적인, 가장 근본적인 상태이다. 누구에게도 구속당하지 않고 거리낌 없이 나의 생을 펼치는 것. 그러기 위해 하늘과 대지와 바다와 숲이 있고 한 번의 삶이라는 기회가 주어지는 것. 그것이 야생 동물의 운명이자 숙명, 그리고 존재의 이유이다. 야생 동물이 영원히 이 지구상을 누비길 바라는 마음으로 이 글을 마무리하고자 한다.

# 우리가 반려동물이라고 말하는 이유

# 동물 보호

**김나연** (동물권행동 카라 홍보팀장)

반려동물과 같이 사는 것만이 동물과 사는 것이 아닙니다. 우리는 지구에서 다른 동물들과 함께 살아가고 있습니다. 종을 초월한 연대가 가능한 것은 우리 모두 살아 있는 생명이기 때문입니다. 인간, 개, 고양이, 닭, 원숭이, 앵무새, 큰돌고래 모두가요. 비인간 동물에 대한 사랑이 결국 연대와 정의로 이어집니다.

## 애완동물과
## 반려동물은 무엇이 다를까?

　　그리 멀지 않은 때에 동물을 가까이 하는 사람들은 주로 '동물 애호가'라고 불렸습니다. 사람에게 길러지는 개와 고양이는 애완견, 애완묘로 불렸고요. 지금도 동물 애호가란 사전적 의미로 '동물을 사랑하고 좋아하는 사람'이라고

풀이됩니다. 하지만 현재에 이르러서 '애호'라는 단어 사용은 지양되고 있습니다. 가족처럼 살아가는 동물들은 이제 애완동물이 아니라 반려동물이라고 부르며, 반려동물과 함께하는 사람들을 반려인이라고 부릅니다.

왜 사람들은 '애호가', '애완동물'이라는 단어를 쓰는 것을 그만두고, 또 해당 단어를 강력하게 지양하는 이들까지 등장하게 되었을까요? 언어의 변화는 관념의 변화를 의미합니다. '애호', '애완'이라는 단어는 요즘 사람들이 지향하는 동물과의 관계를 따라가지 못합니다. '애호'는 동물을 사랑하는 사람은 특별하고 유별난 존재인 것처럼 묘사하며, '애완'은 동물을 수동적이고 거의 물건과 같은 존재로 인식하게 합니다. 하지만 이제 사람들이 동물을 사랑하고 아끼는 것은 특이하거나 특별한 일이 아닙니다. 누구나 동물을 사랑하고 가까이하고 싶어 합니다. 사람들은 개와 고양이를 사람에게 즐거움을 주기 위해 기르는 동물이 아니라, 함께 더불어 살아가는 인생의 동반자로 여기기 시작했습니다. '반려동물'이라는 표현이 등장한 이유입니다.

동물에 대한 관념의 변화는 동물을 과학적·철학적 측면에서 '지각력 있는 존재'로 인지하게 되면서 시작됐습니다. 전통적으로 한국 사회에서 개들은 마당에 묶여 집을 지키던 존재, 주인밖에 모르는 충성심 강한 동물이었습니다. 하지만 '개'라는 동물종에 대한 연구가 시작되고 동물행동학, 수의학 등 여러 학문 분야가 발달했습니다. 개가 어떨 때 공포나 기쁨을 느끼는지, 어떤 사회화 과정을 거쳐야 사람과 동물 사이에서 어려움 없이 생활할 수 있는지, 어떤 상황에서 스트레스를 받게 되는지 등을 알게 되었습니다. 그 결과 이제 사람들은 1m 목줄에 묶여 사는 개가 외롭고 고통스럽다는 것을 압니다. 함께 살아가는 개가 행복하기 위해서는 제때 영양 있는 식사를 하고, 규칙적으로 산책을 하며 본능과 행동 욕구를 해소하고, 가족과의 정서적 교감을 통해 준거 집단에 대한 유대감을 느껴야 한다는 것을 알게 되었습니다.

또 사람들은 동물들의 슬픔과 고통을 알게 되었습니다. 다리를 하나 잃은 유기견, 안구를 적출한 고양이, 나이가 들었다는 이유로 버림받아 오랫동안 가족을 기다려 온 동물들…. 누군가는 이들이 깜찍하고 귀여워서가 아니라, 든든한 버팀목이 되어 주고 싶다는 이유로 입양하여 정성껏 보살펴 줍니다. 펫 숍에서 동물을 사는 것이 번식장에서의 동물 학대에 가담한다는 것을 이해하고 보호소에서 동물을 입양합니다. 매일 정해진 시간마다 약을 먹이거나, 질병으로 고통받는 동물을 돌보는 것은 '애호'가 아니라 헌신에 가깝습니다. 동물 또한 감정을 느끼고 사고하는 생명이라는 인식, 지구에서 함께 살아가는 생명체로서의 연대가 그 헌신을 가능하게 했습니다.

현대 사회에서 반려동물은 사람에게 기쁨을 주는 도구적 존재가 아니라 한 가족처럼 더불어 살아가는 가족 구성원으로 이해됩니다. '개'라는 종에 대한 과학적 이해, 그리고 '개'와 '인간'의 관계에 대한 철학적 접근이 사람과 살아가는 개들을 '애완견'이 아니라 '반려견'으로 부르게 된 이유입니다. 현재에도 여전히 '애완견', '애완묘', '애완동물' 등의 단어를 종종 발견할 수 있지만, 많은 이들로부터 동물을 물건과 같은 존재로 인식하게 하는 구시대적인 표현으로 취급받는 모습 또한 같이 볼 수 있습니다.

# 경주마 '마리아주'의
# 죽음

　동물에 대한 인식 변화가 과학적 지식과 철학적 성찰에서 비롯되었다면, '앎'은 동물에 대한 사랑에서 시작되었다고 생각합니다. 사랑은 애호와 어떻게 다를까요? 사랑은 인간의 근원적인 감정으로서 인류의 보편적 가치입니다. 종교나 문화에 따라 달리 설명되며, 천 명의 사람이 있다면 천 가지의 사랑이 있습니다. 동물에 대한 사랑 또한 사람에 따라 다르게 설명될 것입니다. 그리고 가끔은 그 수많은 사랑의 결집이 동물의 세상을 바꾸기도 합니다.

　2022년 초, 높은 인기를 얻으며 방영 중이던 드라마 〈태종 이방원〉이 큰 논란으로 몇 주간 방영이 중단되는 일이 있었습니다. 바로 촬영을 위해 등장한 말을 거칠게 쓰러뜨린 장면이 동물 단체에 의해 고발되고, 이후 해당 말이 사망했다는 소식이 전해진 것입니다. 잔인한 사건에 '촬영을 위해 말을 죽여서는 안 된다'는 여론이 매섭게 들끓었습니다. 제작진은 동물 단체에 동물 학대로 고발당했으며, 재발 방지를 위해 동물 단체와 논의해 '동물 출연 미디어 가

이드라인'을 제작하여 발표했습니다.

자본주의의 논리에서 말 한 마리의 죽음은 당장 우리 삶에 어떠한 경제적 타격도 주지 않습니다. 제작진은 말이 쓰러지는 CG 작업을 하는 대신 은퇴한 경주마를 등장시켜 고꾸라뜨리는 것으로 값싸게 해당 장면을 촬영했고, 드라마를 좋아하는 시청자들에게 즐거운 콘텐츠를 제공했습니다. 게다가 말의 주인은 경제적 가치가 떨어진 퇴역마를 드라마에 등장시키고 출연료를 받았습니다. 제작진과 대마업체(말을 빌려주는 업체) 사이에서는 문제가 없는 거래였습니다.

하지만 사람들은 드라마에 쓰이고 죽은 말 '마리아주'의 죽음을 슬퍼하고 애도했습니다. 더 나아가 마리아주가 은퇴한 경주마였으며, 경마 세상에서 말들이 어떻게 쓰이고 폐기 처분되는지에 대한 비판이 일었습니다. 거기엔 그 어떤 동물도 물건처럼 사용되어서는 안 된다는 공통된 인식이 있었습니다.

드라마 〈태종 이방원〉에서 말이 고꾸라지는 장면을 보고 동물 단체에 제보한 시민의 행동, 그리고 그 장면을 세상에 고발한 동물 단체 활동가들의 활동, 그 고발에 함께 슬퍼하고 분노한 또 다른 시민들의 참여는 방송계에서 동물을 다루는 관행을 변화시키는 방아쇠가 되었습니다. 마리아주는 세상을 떠났습니다. 이 사건 하나로 모든 말들의 복지와 권리가 순식간에 보장되지는 않겠지만, 그래도 이것으로 세상은 아주 천천히 바뀌게 될 것입니다.

## 작은 메리는
## 왜 산불에 타 죽었을까?

2022년 3월, 경상북도 울진에 큰 산불이 났습니다. 산불은 강풍을 타고 순식간에 번져 강원도 삼척시까지 번졌습니다. 울진 산불은 역대 최장 기록을 세우며 213시간, 9일 만에 잡혔습니다. 산불로 인한 피해 면적은 2만 923헥타르ha로 여의도 면적의 72배, 서울 면적의 삼분의 일이 넘는 크기입니다. 산이 잿더미가 되면서 동물들도 큰 피해를 입었습니다. 연기에 벌들이 질식사했고, 야생 동물의 피해는 헤아릴 수도 없습니다. 울진에서 동물 구호 활동을 하면서 가장 많이 만났던 피해 동물은 바로 개입니다. 짧은 목줄에 묶여 살던 개들은 도망을 갈 수 없어 산불에 심각한 화상을 입거나 타 죽었습니다.

다섯 살 된 개 '큰 메리'도 집 밖에 묶여 살다가 화상을 입었습니다. 오른쪽 눈 위 피부와 귀를 크게 다쳐서 귀는 절단해야 하는 처지에 이르렀습니다. 귀가 괴사되고 피부가 박탈되는 고통 속에서도 큰 메리는 사람이 좋아 꼬리를 살랑살랑 흔들고 가만히 손길을 느끼곤 합니다. 사람을 사랑하는 큰 메리를 보고 있으면 그와 함께 지내던 '작은 메리'는 어떤 개였을지 이따금 궁금해집니다.

울진에 산불이 난 날, 큰 메리와 작은 메리의 가족인 노부부는 무언가 잘못됐음을 깨닫고 실내에서 기르던 작은 푸들과 사료 봉투를 챙겨 집 밖으로 뛰어나왔다고 합니다. 하지만 마당에 묶어 기르던 대형견인 큰 메리와 작은 메리는 일부러 풀어 주지 않았습니다. 할머니는 그 이유로 "이웃집 흑염소를 물까 봐"라고 설명했습니다. 본인이 염소 값을 물어 줘야 하기 때문이지요. 큰 메리와 작은 메리는 모두 튼튼한 쇠 말뚝에 짧은 목줄로 매인 상태였기에 도저히 도망갈 수 없었습니다.

그 날 밤, 작은 메리가 산불에 타 죽었습니다. 큰 메리는 작은 메리가 불타 죽어 가는 과정을 눈앞에서 지켜봤습니다. 끔찍한 밤이 지나고도 화상을 입은 큰 메리와 까맣

게 탄 사체가 된 작은 메리는 그 자리에 계속 방치되었습니다. 노부부는 작은 푸들의 사료를 사러 동물 병원에 가면서도 큰 메리를 치료해 주지는 않았습니다. 한편으로는 큰 메리를 서울로 데리고 가 치료해서 안정적인 가정에 입양을 보내겠다는 활동가들의 말에 "아끼는 개라 절대 못 준다"고 말했습니다. 노부부는 나름대로 큰 메리와 작은 메리를 아끼며 사랑해 왔던 것입니다.

노부부에게는 논리적인 모순이 분명히 존재합니다. 윤리적인 문제도 있습니다. 다만 큰 메리와 작은 메리가 겪어야 했던 고통에 대한 책임이 노부부에게만 있다고 단정하기는 어렵습니다.

개는 원래 밖에 묶어서 키우는 존재다.
큰 개는 집 안에서 키우는 개(소형 품종견)와는 다르다.

이와 같은 시골 개에 대한 편견으로 동물을 잘못 기르고 있는 것이 지금 대부분의 모습이기 때문입니다.
도심을 조금만 벗어나도 개들이 집을 지키는 존재로서 묶여 길러지는 모습을 쉽게 목격할 수 있습니다. 그나마 개

집이 있으면 비라도 피할 수 있어 다행입니다. 뙤약볕이나 폭우에 고스란히 노출되면서도 며칠에 한 번 음식물 쓰레기로 배를 채우는 개가 있는가 하면, 마당 한구석에 묶여 평생을 살며 스트레스로 정형 행동(반복적 이상 행동)을 하는 개들도 있습니다.

아이러니하게도 그들의 보호자들은 그들 나름의 방식으로 개를 사랑하며 키우는 것이라 말합니다. 하지만 상대방에 대한 존중과 이해 없는 사랑의 결과는 어떤가요? 나름의 방식으로 큰 메리와 작은 메리를 아껴 길렀다는 노부부의 이야기는 앎과 책임이 부재된 사랑은 결국 낡은 아집일 뿐이라는 사실을 명확하게 알려 주고 있습니다.


## 돌고래의 무덤
## 아쿠아리움

우리 주변에는 동물을 좋아하고 사랑하는 사람들이 많이 있습니다. 저 또한 어린 시절부터 동물을 좋아했습니다. 성인이 되어서는 기회만 되면 동물이 있는 장소를 찾았습니다. 아쿠아리움에 벨루가를 보러 가서 경이로움을 느껐고, 고양이 카페로 가 무릎에 안기는 고양이를 만지며 이루 말할 수 없는 사랑스러움을 느꼈습니다. 생긴 것도 언어 체계도 다른 종인 비인간 동물을 통해 '사랑에 빠진다'는 것이 무엇인지 어렴풋이 깨달았습니다.

우리는 주변에서 쉽게 동물을 전시하는 업체를 찾아볼 수 있습니다. 반려견 동반 카페에서부터 고양이, 미어캣, 라쿤 등의 동물들이 있는 카페, 돌고래 등 해양 포유류가 있는 아쿠아리움, 혹은 몇백 종의 동물을 보유하고 있는 동물원 등 몹시 다양합니다. 전시업체 수가 많은 만큼 도심에서는 소규모 동물 카페를 흔히 찾을 수 있고, 또 시외에서는 많은 동물종을 가진 동물원을 찾을 수 있습니다. 동물을 좋아하고 사랑하는 사람들은 기회가 닿으면 반가운 마음으로 동물을 만나러 갑니다.

그렇다면 동물들의 입장은 어떨까요? 사람들이 동물을 만나고 싶어 하는 만큼 동물들 또한 사람을 만나고 싶어 할까요? 동물을 좋아해서 가는 동물원이 동물에게는 어떤 영향을 끼칠까요? 저는 대한민국 기본 교육 과정에서 이 질문을 한 번도 들어 본 적이 없습니다. 그리고 제 스스로에게 그런 질문을 던질 때까지도 꽤 오랜 시간이 걸렸습니다.

동물원이나 아쿠아리움 등 많은 종의 동물을 책임지는 기관에서도 관람객들에게 그런 질문을 던지지 않습니다. 실제로는 '행복한 동물 세상', '동물과 함께하는 즐거운 시간' 등의 마케팅 문구로 사람들의 눈을 가립니다. 동물의 자연스러운 생태와 습성은 모르지만 동물을 좋아하는 사람들은 그렇게 동물을 만나는 것이 무엇이 문제인지 파악할 겨를이 없습니다. 우리는 아주 어릴 적부터 동물이 전시된 것을 보며 동물원이라는 형태에 익숙해져 왔습니다. 관습과 관성을 거스르기는 어려운 일입니다.

동물들에게는 그 종마다 고유의 언어 체계와 생각의 형태가 있습니다. 사람에게 언어가 있는 것처럼요. 때문에 동물원이나 동물 카페에 있는 동물의 만족감을 이해하려면 그들의 행동과 생존율을 확인해야 합니다. 동물들은 부적합한 환경에 놓이거나 혹은 타고난 행동 욕구를 해소할 수 없을 때 정형 행동을 하고, 극한의 스트레스 상황에 놓일 때 죽음에 이르는 경우도 있기 때문입니다. 그 단적인 예로서 큰돌고래나 벨루가와 같은 해양 포유류의 모습을 들 수 있습니다.

2021년, 제주도의 한 돌고래 체험 시설에서는 12년 동안 체험에 동원됐던 큰돌고래 '화순이'가 17세로 추정되는 나이에 죽었습니다. 야생에 사는 큰돌고래의 수명이 40년에 이른다는 사실을 감안하면 절반도 살지 못한 것입니다. 화순이만 돌연 젊은 나이로 사망한 것일까요? 해당 동물원은 2008년 문을 연 이후 8마리의 돌고래를 수입했습니다. 그들 모두 죽었습니다. 돌고래들의 수족관 생활은 평균 3년 남짓이었습니다.

돌고래는 '비인간 인격체'라고 불릴 정도로 자신의 자아를 인지하며, 인지 능력과 공감 능력이 있습니다. 때문에 그들이 무리를 지어 살아가며 무리별로 '유행가'를 바꿔 부르며 놀거나, 부상당한 동료 개체의 헤엄을 돕는 것도 그리 놀라운 일이 아닙니다. 비인간 동물에게 '지능'을 논하는 것은 대단히 인간 중심적인 행위지만, 돌고래에 한해서는 '지성'의 차원에서 연구가 되는 수준으로 돌고래는 매우 똑똑한 생명체임을 알 수 있습니다.

돌고래는 똑똑할 뿐더러 하루에 수십에서 수백 킬로미터의 장거리 이동 수영을 즐겨 합니다. 그런 돌고래를 좁은 수조에 가두어 전시하고 각종 체험에 이용하고 있습니다.

체험 동물원에서 지내고 있는 수달. 행동 풍부화 요소가 너무 부족해,
시설물에서 고무파이프를 떼 내어 뜯어 먹고 있다.

체험 동물원 바깥의 뜬장에 갇힌 원숭이. 한겨울에도 바람 한 점 막아 줄 구조물 없이,
원숭이는 좁은 장에 갇혀 방치되어 있다.

체험 동물원의 동물들은 대개 '교감'이라는 이름 아래 먹이 주기 체험 등에 쓰인다.
인기가 없어진 동물들은 아주 쉽게 더러운 환경에 방치당하게 된다.

아이러니하게도 체험 동물원은 '교육' 목적으로도 영업한다.
햄스터, 토끼 등 작은 동물들은 사람들의 접촉에 스트레스를 받아 폐사하는 일이 잦다.

과연 이런 시설에서 돌고래는 잘 지낼 수 있을까요? 작은 수족관과 체험 프로그램은 행복감을 떠나 생존의 문제로 직결됩니다. 수족관이 돌고래의 무덤이 될 수밖에 없는 이유입니다. 이 비극은 돌고래들의 생존율이 증명합니다. 대한민국에서는 2010년 이후로 8개소 수족관에 61마리의 해양 포유류가 들어왔고, 그중 절반인 29마리가 죽음에 이르렀습니다.

돌고래를 가두고 사람과 접촉하는 것이 곧 그들을 학대한다는 것은 사람들에게 너무나 불편한 진실입니다. 때때로 수족관 앞에서 돌고래들을 '바다 쉼터'로 보내야 한다는 1인 피케팅을 하고 있으면 입장객으로부터 "당신들 때문에 내 휴가를 망쳐야 하냐"는 비난을 받기도 합니다. 그저 묵묵히 피켓을 들고 있었을 뿐인데도요. 한편으로는 "그런 건 줄 잘 몰랐다"며 발길을 돌리는 사람들도 있습니다.

저는 동물을 사랑한다는 것은 '아름답다', '경이롭다' 등의 감각에 빠지는 수동적인 상태에 머무는 것이 아니라, 이들이 어떤 생태에서 살았으며 어떻게 이곳에 오게 되었는지, 먼 이역만리의 도심에서 충분한 삶을 누리고 있는지 등 객관적 사실과 지식을 아는 것에서 시작된다고 생각합

좁은 아쿠아리움에서 혼자 무료한 시간을 보내고 있는 벨루가.

니다. 그리고 그들이 어려움에 처한 것을 알았을 때 그들을 위해 어떤 행동을 할 수 있는지 능동적인 행위를 고민하고 실천하는 것이 '사랑한다'는 상태라고 생각합니다.

## 코끼리 관광을 하면
## 안 되는 이유

바다의 비인간 인격체로 돌고래가 있다면, 육지에는 코끼리가 있습니다. 코끼리의 높은 지능에 대해서는 구전 설화나 동화를 통해 엿볼 수 있기도 합니다. 죽은 동료를 추모하기도 하고, 장기 기억력이 있으며, 거울 속 자신을 인식할 정도이니 자아를 인지한다고 볼 수 있습니다.

똑똑한 대형 포유류인 코끼리 또한 돌고래와 마찬가지로 동물 체험 프로그램에 이용됩니다. 하지만 코끼리가 어느 날부터 불현듯 인간을 잘 따르게 되는 것은 아닙니다. 코끼리는 끔찍한 학대를 받은 끝에 인간의 훈련에 굴종하게 되는 것이 일반적입니다.

코끼리 쇼와 코끼리 체험이 가장 흔한 나라는 태국입니다. 코끼리의 야생성을 없애고 복종하게 만들기 위한 이의식을 '파잔Phajaan'이라고 부릅니다. 사람들은 2~5살의 어린 코끼리를 어미에게서 떼어 내 사지를 결박하고, 말을 들을 때까지 날카로운 갈고리로 코끼리의 살 중 가장 여린 부분인 귀 뒤나 머리에 상처를 냅니다. 파잔은 야생의 영혼이 사라진다고 할 때까지 때리는 것으로 약 일주일에서 열흘이 넘게까지 계속된다고 알려져 있습니다. 그 후 코끼리들은 병들거나 다쳐 쓸모가 없어지는 날까지 쇼와 체험 프로그램에 이용되다가 폐기됩니다.

태국에서 코끼리 관광은 주요한 국책 사업이면서 돈벌이의 수단이었습니다. 전통을 명분으로 동물 학대를 계속해 왔던 것입니다. 하지만 코끼리를 사랑하는 이들로부터 그 역사는 바뀌고 있습니다. 파잔의 잔인함을 고발하는 활동가들이 전면에 나서고, 구조한 코끼리들을 코끼리 생추어리(Sanctuary, 야생 동물을 평생 보호하는 시설)에 데리고와 돌보기 시작한 것입니다. 그들은 전 세계적인 관심과 지지를 통해 코끼리들을 동물 학대에서 해방시키고 있습니다. 태국에서 코끼리 보호 운동을 이끌어 온 인물은 '상둔렉 차일러'라는 사람입니다. 타임지는 그를 '아시아의 영웅'으로 선정하기도 했습니다.

그는 처음부터 활동가는 아니었습니다. 렉의 가족들과 친척들은 모두 코끼리 관광업으로 생계를 유지하고 있었습니다. 렉 또한 여행사 가이드로 일했고, 그 여행에는 코끼리 체험이 포함되어 있었습니다. 코끼리를 착취해 돈벌이를 하는 구조에 렉도 일조하고 있었던 것입니다. 하지만 그는 일본인 관광객을 태운 코끼리가 갑자기 쓰러져 사망하는 일을 겪은 뒤 코끼리 보호 운동을 시작했습니다. 태국 정부에게 핍박받고, 가족들과도 인연을 끊게 되었습니다. 렉은 모든 것이 결국 코끼리에 대한 사랑 때문이었다고 설명했습니다.

렉은 치앙마이에 코끼리 자연공원Elephant Nature Park을 설립했고, 관광 산업에 쓰이던 코끼리들을 구조해 데리고 왔습니다. 코끼리 트래킹을 하던 가이드들을 고용해 구조된 코끼리들이 몸과 영혼을 회복하는 것을 돌볼 수 있도록 교육했습니다. 코끼리 자연공원에 2박 3일, 혹은 7박 8일짜리 관광 프로그램을 만들어 관광객들이 자연 속에서 살아가는 코끼리를 보고 코끼리와 공존하는 방법에 대해 배울 수 있도록 했습니다. 코끼리들은 관광객들이 지불한 입장료를 기반으로 치료를 받고, 바나나를 먹고, 다시 무리를 이루어 코끼리로서의 삶을 살아가게 됩니다.

코로나19가 확산되기 전 코끼리 자연공원에 방문한 적이 있습니다. 2박 3일 프로그램 입장료를 내고 숙박을 했고, 종일 자연공원을 돌아다니며 가이드로부터 이 코끼리는 누구며 어디서 구조됐는지 등의 소개를 받았습니다. 다친 코끼리를 위한 밥도 만들었습니다. 광활한 대지 위를 평온하게 걷는 코끼리들은 지혜로운 암컷을 무리의 우두머리로 삼는 코끼리 공동체의 규칙을 되찾은 모습이었습니다.

폭탄을 밟아 한쪽 발을 잃어버린 채 구조된 젊은 코끼리 또한 우두머리 암컷 코끼리의 배려를 받아 무리에 적응해 가고 있었습니다. 시력을 잃어버린 늙은 코끼리 노이나는 느긋하게 바나나 껍질을 벗겨 먹다가, 멀리서 젊은 코끼리가 그의 바나나를 노리고 쿵쿵 뛰어오자 기척을 눈치채고 바나나를 먹는 속도를 올렸습니다. 어떤 코끼리는 렉을 만나자 반가움의 표시로 코로 렉을 쓰다듬고 식빵을 달라며 요구하기도 했습니다. 동물원에서 만난 코끼리와는 비교도 할 수 없이 평온하고 자유로운 모습이었습니다. 누구의 억압이나 착취도 없이 본래의 모습으로 돌아간 삶의 형태를 보면서, 비인간 동물에 대한 사랑의 귀결점에는 '동물

관광 산업에 이용되다 구조되어 '코끼리 자연공원'으로 온 후,
평화로운 나날을 보내고 있는 코끼리들.

해방'이라는 개념이 있다는 것을 이해했습니다.

## 동물과 더불어
## 살아가는 삶

동물이 살아가는 사회의 변화에는 개개인의 삶이 존재합니다. 마당에 개를 묶어 놓기만 하고 기르는 보호자, 돌고래를 보고 싶지만 학대당한다는 말에 발걸음을 돌리는 가족, 온 인생을 내던져 코끼리들을 보호하는 사람…. 개별적인 개인과 동물의 관계일지언정 그 관계는 사적인 공간, 단편적인 순간으로 끝나지 않고 세상과 연결됩니다. 그렇게 동물을 지칭하는 언어가 변하고 동물에 대한 법과 질서가 변화하게 됩니다.

동물권 단체에서 일하며 동물을 사랑하는 사람들을 많이 만납니다. 사랑은 불가능한 것을 가능하게 만들기도 하고, 모든 것을 헌신하게 하는 힘으로도 작동하고, 때로는 동물 학대에 대한 비겁한 변명으로도 쓰입니다. 사랑이 상대방을 해치는 폭력이 아니라 아름답고 다정한 온기로 남길 바란다면, 우리는 계속 사랑이 무엇이고 동물이란 어떤 존재인지를 고민해야 합니다. 동물을 위해 고민하고 실천하는 사람이 꼭 동물 단체에서 일하는 활동가나 야생에서 동물을 연구하는 학자가 아니어도 됩니다. 그냥 내가 어떤 방식으로 살아갈 것인지를 고민하는 것만으로도 충분합니다.

저는 기억도 안 나는 아주 어릴 적부터 동물을 좋아했었습니다. 부모님에게 생일 선물이나 어린이날 선물로 강아지를 사 달라고 조르곤 했습니다. "다섯 살이 되면 사 줄게", "초등학교에 가면 사 줄게" 부모님은 제게 무언가를 설명하는 대신 동물을 사는 것을 내년, 내후년으로 계속 미루곤 했습니다. 당시에는 '동물의 권리'라는 개념이 대중에게 나오지도 않았던 시절이니 어쩔 수 없지 않았을까 싶기도 합니다.

지금은 세상이 많이 달라졌습니다. 강아지 공장, 고양이 공장의 현실이 고발되었고 인터넷을 통해 얼마든지 그 번식장 내부를 들여다볼 수 있습니다. 덜컥 동물을 입양하는 대신에, 보호소에 봉사 활동을 갈 수도 있습니다. 동물을 위해 시간을 내고 책임을 지면서, 내게 맞는 동물이 누구인지 알 수 있게 되는 것이죠. 혹은 당장 도움이 필요한 강아지나 고양이를 임시 보호하고 가족을 찾아 주는 과정을 통해 그 동물의 살 길을 열어 줄 수 있습니다. 그 과정에서 내가 동물을 기를 수 있을 만한 사람인지도 고민해 볼 수 있죠.

이전에는 몰랐지만, 지금은 반려동물과 함께 살아가는 것 말고도 동물과 더불어 살아가는 삶의 형태가 꽤 다양하며 복합적이라는 것을 압니다. 품종묘들이 있는 고양이 카페를 가는 대신 유기묘들로 구성된 유기묘 입양 카페를 갈 수 있습니다. 유기묘 입양 카페의 경우에는 입장료나 음료비 일부가 입양을 가지 못한 유기묘들을 위해 쓰이거나 유기묘들의 입양 활동에 쓰입니다. 유기묘 입양 카페를 이용하는 것이 그곳의 고양이를 돕는다고도 볼 수 있죠. 마치 코끼리 자연공원의 입장료가 코끼리 구호 활동에 쓰이는 것처럼요.

동물 실험을 하지 않은 화장품을 소비하는 것, 일주일에 한 번은 채식을 하는 것도 실험실 동물과 농장 동물을 돕는 삶의 방식입니다. 모피나 가죽 제품을 구매하는 대신에 친환경 소재로 된 의류를 구매하고, 더 나아가 옷을 사지 않고 있던 옷을 잘 아껴 입는 것도 동물과 환경을 살리는 길이 되지요. 지금 나의 자리, 나의 삶에서 지속 가능하

사람의 손길을 기다리는 유기견들은 봉사자의 방문이 너무나 반갑다.

며 의미 있는 방법이 무엇인지 고민하는 것, 앎이 실천으로 연결되는 것, 그 사랑은 곧 동물의 자유와 존엄과도 이어집니다.

길 위에서 살아가는 길고양이를 바라보며, 이웃집 반려견을 만나며, 또 동물원과 아쿠아리움 동물의 존재를 인지하며, 혹은 정육점에 걸린 고기를 보며 '동물을 사랑한다'는 것이 어떤 의미인지 생각을 모아 볼 수 있는 날들이 하루, 이틀씩 쌓였으면 좋겠습니다. 동물에 대한 삶의 방식, 사랑의 형태를 능동적으로 생각하며 선택할 수 있길 바라며 글을 마칩니다.

# 인권을 넘어 생명권으로

이제는 동물과 더불어 살기 위해 노력하는 사람들이 많아지고 있습니다. 인간만이 세상의 주인이 아니라 동물과 자연에 해롭지 않게 살아가는 삶을 지향하는 태도는 생태계를 지키는 강력한 방법이 됩니다. 동물을 지키는 몇몇 가지 방법을 소개합니다. 내 마음에 드는 것부터 또 내가 지킬 수 있는 것부터 천천히 시도하며 삶의 방식으로 소화하는 건 어떨까요? 사람과 동물을 위한 여러분의 다짐과 실천을 응원합니다.

## 반려동물과 살아가기

– 동물을 사지 않고 입양합니다.

– 입양한 동물이 있다면 중성화 수술을 통해 번식을 억제합니다. 중성화 수술은 개별 동물의 복지를 위해서도 꼭 진행되어야 하며, 가정에서의 동물 번식은 유기 동물 발생의 주요 원인 중 하나로 손꼽힙니다.

– 가족으로 맞이한 동물이 있다면 평생 책임져 주세요. 개의 경우 매일 산책하며 행동 풍부화를 해 주는 등 동물종에 맞는 복지가 보장되어야 합니다.

– 라쿤, 카피바라 등 '이색 반려동물'이라 홍보되는 야생 동물은 반려의 대상이 아닙니다. 야생 동물은 인간이 길들여야 하는 존재가 아니라 자연 속에 있을 때 행복하다는 것을 알아주세요.

## 농장 동물, 야생 동물과 살아가기

- 과도한 육식을 지양하고, 가능하면 채식 위수의 식사를 함으로써 고통받는 소, 돼지, 닭, 오리 등의 동물을 도울 수 있습니다.
- 혹시 육가공품을 소비한다면 '동물 복지' 인증을 받은 제품을 사용해 주세요. 배터리 케이지 등 감금틀에서 고통받는 동물들을 적어도 '농장'으로 나올 수 있게 해 주는 방법이 됩니다.
- 동물성 소재가 아니라 식물성 소재로 된 의류를 구매해 주세요. 사과 껍질로 만든 가방, 파인애플 껍질로 만든 운동화 등 비건 의류는 동물의 고통이 동반되지 않으며 친환경적입니다.
- 체험 동물원, 수족관, 이색 동물 카페 등을 방문하지 않는 것으로 야생 동물이 야생에서 살아갈 수 있도록 도울 수 있습니다.
- 야생 동물의 터전이 보호받을 수 있도록 플라스틱 소비 줄이기, 과도한 개발 문제에 관심 갖기 등 환경 운동을 실천할 수 있습니다.

동물이 '살 만한 삶'을 누리는 것

# 동물 복지

**이형주**(동물복지문제연구소 어웨어 대표)

집에서 기르는 반려동물을 제외한다면 사람들이 일상에서 가장 자주 마주하는 동물은 바로 농장 동물일 것입니다. 다만 마주하게 되는 동물의 모습에서 '동물'을 떠올리기 어렵습니다. 마트 매대 위에 포장육 상태로 놓인 삼겹살이나 바삭하게 튀겨진 치킨을 한때 살아 있던 돼지, 닭으로 느끼는 사람은 많지 않습니다. 당연한 일입니다. 우리가 사는 제품에는 원산지나 원료, 영양에 대한 정보는 들어 있지만 식탁에 고기로 오르기까지 동물이 어떤 삶을 살았고 어떻게 죽었는지에 대한 정보는 눈을 씻고 찾아보아도 없으니까요. 푸른 초원 위에서 한가롭게 풀을 뜯는 소의 그림이나 활짝 웃는 돼지 그림이 그려진 광고는 '보이지 않는 곳에서 그나마 괜찮은 삶을 살다 죽었겠지'라는 막연한 생각이 들게 하기에 충분합니다.

# 닭에게
# 모래 목욕을 허하라!

2017년 '살충제 달걀 파동'이라는 사건이 일어났습니다. 유럽에서 살충제로 사용하는 '피프로닐'이라는 화학 물질에 오염된 달걀 수백만 개가 유통된 사건입니다. 같은 해 우리나라 산란계 농장의 달걀에서도 살충제가 검출됩니다. 대형 마트들은 달걀 판매를 중단하고, 정부는 달걀 출하를 중지시키고 전국 산란계 농장에 대해 전수 조사를 실시합니다. 왜 달걀에서 살충제가 검출됐냐고요? 문제는 닭이 사는 환경, 더 정확히 말하자면 사람이 닭을 기르는 환경에 있었습니다. 닭은 털 속의 진드기를 제거하기 위해 모래 목욕을 해야 하는데, 모래 목욕이 불가능한 환경에 살기 때문에 닭 진드기를 제거하는 방법으로 사용한 살충제가 달걀에 잔류했던 것이죠.

농장에서 키우는 닭은 알을 낳기 위해 길러지는 산란계와 고기를 얻기 위해 길러지는 육계로 나뉩니다. 산란계 양계장은 아래위로 케이지를 층층이 쌓아 닭을 기르는 방식을 사용하는데, 이를 배터리 케이지battery cage라고 부릅

스트레스로 인해 다른 닭의 깃털을 쪼는 현상은 어느 농장에서나 흔하게 발생한다.

배터리 케이지에서 사육되는 산란계들. 날개를 완전히 펴기도 어려운 공간이다.

니다. 좁은 공간에서 최대한 많은 닭을 키우고 달걀 수거를 쉽게 하기 위한 방법입니다. 닭이 몸을 움직일 수 없어 사료 섭취량이 줄기 때문에 생산 비용을 줄여 더 많은 이윤을 낼 수 있는 것도 사람의 입장에서는 장점입니다.

그러나 닭의 입장에서 생각해 보면 좋은 것이라고는 하나도 없습니다. 가로 50cm, 세로 50cm의 케이지에 산란계 대여섯 마리를 사육하는 공간에서 닭은 날개를 펴는 것조차 어렵습니다. 아래위로 9단까지 쌓을 수 있는 구조이기 때문에 위층에서 사는 닭들의 배설물이며 먼지들이 아래층의 닭들 위로 그대로 떨어지게 됩니다. 닭은 모래 목욕뿐 아니라 날개를 펴고, 높은 횃대에 오르고, 땅을 쪼고 먹이를 찾는 행동을 해야 하지만 배터리 케이지에서는 모두 불가능한 일입니다.

정상적인 행동을 하지 못해 스트레스를 받은 닭들은 다른 닭의 머리와 항문을 쪼는 행동을 하는데 이를 카니발리즘cannibalism이라고 합니다. 농장에서는 닭들이 서로 공격해 상품 가치를 훼손하는 일을 방지하기 위해 부화한 병아리의 부리를 자릅니다. 마취 없이 행해지는 부리 자르기beak-trimming는 병아리에게 고통스럽습니다. 산란을 시작한

지 1년이 지나 산란율이 떨어진 닭은 다시 알을 낳도록 하기 위해 1~2주간 닭장의 빛을 차단하고 사료와 물을 주지 않는 방식을 씁니다. 스트레스를 받은 닭이 강제로 털갈이를 하고 나면 다시 알을 낳기 시작하기 때문이지요. 이 과정을 '강제 환우'라고 부릅니다. 이 외에도 충분한 운동을 하지 못한 닭들이 골다공증 등 질병에 걸리거나, 여름이면 밀집된 환경에서 높이 오르는 기온을 견디지 못해 한꺼번에 죽는 등의 문제들이 발생합니다. 이렇게 최소한의 비용으로 최대한의 생산성과 사료 효율성을 추구하기 위한 축산 방식을 우리는 '공장식 축산'이라고 부릅니다.

돼지의 신세도 그리 다르지 않습니다. 공장식 축산 방식의 대명사로 산란계 농장에 '배터리 케이지'가 있다면 돼지 농장에는 '스톨stall'이 있습니다. 임신한 어미 돼지가 출산했을 때 새끼 돼지를 깔아 죽이는 것을 방지하기 위해 몸을 움직일 수 없도록 고안된 철제 감금틀입니다. 돼지는 새끼를 낳기 전에 지푸라기로 보금자리를 만드는 습성을 갖고 있지만, 스톨 안에서는 뒤를 돌아보기도 어렵습니다. 코로 땅을 파고, 다른 돼지들과 상호 작용을 하고, 체온을 조절하기 위해 진흙 목욕을 하는 돼지의 습성은 완전히 무시

됩니다. 스트레스로 인해 서로 꼬리를 물어뜯고 공격하는 것을 막기 위해 어린 돼지들의 꼬리와 송곳니를 자르는 것이 관행으로 자리 잡았습니다.

농장에서는 돼지들이 다치는 것을 방지하기 위해 불가피하다고 하지만, 애초에 스트레스가 심한 환경이 아니었다면 서로 공격하는 돼지도, 새끼를 밟아 죽이는 어미 돼지도 없었겠지요. 돼지는 환경 조건이 허락한다면 배설하는 곳과 쉬는 곳을 구분하는 깨끗한 동물입니다. 흔히 더러운 장소를 돼지우리에 빗대는데, 돼지의 입장에서는 억울한 일이 아닐 수 없습니다.

## 동물의 5대 자유

애초부터 인류가 공장 같은 환경에서 농장 동물을 기른 것은 아니었습니다. 동물을 먹기 위해 수렵을 하다가 목축과 사육을 하기 시작했을 때는 이렇게 많은 동물들을 좁은 공간에 키울 필요가 없었으니까요. 조너선 사프란 포어가 쓴 『동물을 먹는다는 것에 대하여』라는 책에는 공장식 축산이 어떻게 시작되었는지 설명이 나옵니다.

1923년 미국 동부에 살면서 닭 몇 마리를 키우던 주부 실리어 스틸은 병아리 50마리를 주문했는데 500마리를 받게 되었답니다. 그때만 해도 농장 동물을 실내에서 키우는 것은 상상하지 못할 일이었는데, 그는 이 병아리들을 겨울 동안 실내에서 키우기로 했습니다. 마침 발명된 사료 보충제를 사용하자 병아리들은 겨울 동안 살아남았습니다. 500마리의 닭은 3년 만에 1만 마리로 불었고 몇 년 후에는 25만 마리가 되었다고 합니다.

산업 혁명으로 인구가 증가하고 교통과 기계가 발달하면서 공장식 축산은 빠른 속도로 확산됩니다. 먹이를 적게 먹고도 더 많은 '살점'이 붙은 동물을 얻을 수 있도록 한 유전학의 발전도 한몫했지요. 그러던 중 1964년 영국의 동물 복지 활동가인 루스 해리슨은 『동물 기계Animal Machines』라는 책을 발간해 전 세계에 파문을 일으킵니다. 당시 확산되고 있던 공장식 축산 시스템에서 동물들이 어떻게 살아가고 있는지에 대한 충격적인 현실을 과학적이고 사실적으로 묘사한 책입니다. 영국 정부는 이 책을 계기로 농장 동물의 복지를 조사하기 위한 위원회를 구성해 보고서를 내게 했습니다. 당시 위원회의 위원장이던 프랜시스 브람벨의 이름을 딴 '브람벨 리포트'는 농장 동물에게 주어져야 할 '동물의 5대 자유Five freedom'를 주창했다는 점에서 기념비적인 성격을 지닙니다. 동물의 5대 자유는 반세기가 넘은 지금도 국제기구는 물론 수많은 국가에서 '우리가 동물을 어떻게 대우해야 하는지'에 대한 원칙으로 채택되고 있으며, 동물 복지 과학의 근간이 되고 있습니다.

동물의 5대 자유

배고픔과 목마름으로부터의 자유

불편함으로부터의 자유

통증·부상·질병으로부터의 자유

정상적인 행동을 표현할 자유

두려움과 괴로움으로부터의 자유


'동물 복지'라고요? 동물 복지animal welfare라는 용어는 많은 분들이 들어 보셨을 거라고 생각합니다. 국립국어원 표준국어대사전은 '복지'를 '행복한 삶'이라고 정의하고 있네요. 복지라는 단어 앞에 '동물'이라는 단어가 붙는 것이 어색하거나 불편하게 느껴진다는 사람도 있습니다. 당장 나

자신도 온전히 '행복한 삶'을 누리는 것이 어려운데, 동물에게 이를 보장하는 것이 어렵거나, 과도하거나, 필요치 않다는 시선이겠지요. 앞에서 살펴본 농장 동물의 삶만 생각해도 '행복한 삶'과는 너무도 거리가 멀기에 이런 생각을 하는 사람들이 이해가 되지 않는 것도 아닙니다.

여러 기관이나 학자들마다 내리는 '동물 복지'의 정의는 약간씩 다르지만 일맥상통하는 부분이 있습니다. 세계보건기구WHO는 동물 복지를 "(동물이) 생존하고 죽는 환경과 관련한 동물의 신체적·정신적 상태"라고 정의합니다. '동물이 건강하고 안락하며, 좋은 영양 및 안전한 상황에서 본래의 습성을 표현할 수 있으며, 고통, 두려움, 괴롭힘 등의 나쁜 상태를 겪지 않는 것'을 동물 복지라고 부르죠.

미국수의사회는 동물 복지를 "동물에게 적정한 주거 환경의 제공, 관리, 영양, 질병 예방 및 치료, 책임 있는 관리, 인도적인 취급, 필요시 인도적인 안락사를 포함해 동물의 안녕well-being에 관련한 모든 면에 대한 고려를 포함한 인간의 의무"라고 정의하고 있습니다. 살아 있는 상태뿐 아니라 어떻게 죽는지도 동물 복지에서 고려해야 할 중요한 요소에 포함된다는 것이죠.

이런 여러 정의를 종합해 보면 동물 복지는 신체적으로 건강하고, 정신적으로 통증, 두려움 같은 부정적 경험을 겪지 않고, 동물의 습성대로 행동할 수 있는 상태라고 말할 수 있을 것 같습니다. 동물 복지를 추구하고 윤리적으로 대우하기 위해 국가와 사회마다 법과 제도, 규정들을 마련합니다. 우리나라에서 동물을 보호하는 데 기본 법률이라고 할 수 있는 동물보호법에도 '동물 보호의 기본 원칙'이라는 이름으로 동물의 5대 자유가 명시되어 있습니다. 다만 현실에서 이 원칙이 실현되는지, 과연 우리 주위 또는 우리 눈에 보이지 않는 곳에 사는 동물들이 이 다섯 가지 자유를 누리고 살고 있는지는 또 다른 문제입니다.

## 농장 동물 복지를 위한 제도

우리보다 앞서 농장 동물의 복지에 관심을 기울이기 시작한 유럽 국가의 경우 일찍이 농장 동물 복지를 위한 제도를 정비하기 시작했습니다. 1974년 유럽 의회는 농장 동물을 도축하기 전 반드시 의식을 잃도록 하는 지침을 마련했고, 1998년 유럽 연합은 농장 동물 보호의 원칙을 마련했습니다. 회원국은 농장 동물 복지를 위한 법을 마련하고 농장을 검사하도록 하는 '농상 동물 보호 시침'을 만들었고요. 1999년에는 산란계, 2001년에는 돼지, 2007년에는 육계의 동물 복지에 대한 최소 기준을 정했습니다. 2012년에는 산란계 배터리 케이지의 사용을 금지했고, 2013년에는 어미 돼지의 스톨 사육을 제한했습니다. 그렇다고 모든 닭들이 땅을 밟고 살 수 있는 것은 아닙니다. 알을 낳는 둥지, 모래 상자, 횃대 등을 설치한 인리치드 케이지enriched cage로 어느 정도 개선이 이뤄졌지만 여전히 감금 상태로 사육하는 방식은 허용하고 있기 때문입니다. 지난해 유럽연합집행위원회는 2023년까지 토끼, 어린 암탉, 메추라기, 오리, 거위 등의 케이지 사육을 금지하겠다고 발표했습니다.

영국은 조금 더 동물 복지를 고려한 환경과 관리 방법으로 만들어진 축산물을 인증하는 제도를 시행하고 있습니다. 1994년 영국 왕립동물학대방지협회RSPCA가 주축이 되어 만든 '프리덤 푸드Freedom Food'라고 하는 인증 마크는 닭, 소, 돼지뿐 아니라 연어와 송어 등 어류까지 사육 공간과 방식, 운송, 도축 등에 대해 높은 기준을 마련하고 이를 충족하는 축산물에 부착됩니다. 검사관이 정기적인 검사뿐 아니라 불시에 검사해 기준을 준수하고 있는지 확인합니다. 영국에서 프리덤 푸드 인증을 받은 축산물의 시장 점유율은 2020년 기준 약 12%입니다.

다시 우리나라 농장 동물 이야기로 돌아와 볼까요? 우리나라 농장에서 동물 복지를 고려해 준수해야 하는 사육 환경과 관리 방법에 대한 기준은 아직 미흡합니다. 살충제 달걀 사건을 계기로 정부는 축산법을 개정해 산란계의 케이지 사육 면적 기준을 기존 0.05제곱미터에서 0.075제곱미터로 확대했지만 여전히 닭이 날개를 쭉 펴고 날갯짓을 할수 없는 면적입니다. 우리 동물보호법은 동물을 도살할 때 불필요한 고통이나 공포, 스트레스를 주어서는 안 되며, 동물을 운송할 때는 싣고 내리는 과정에서 동물을 다치게 하는 행위를 하면 안 된다고 규정하고 있지만, 실제로 현장에서 이 규정들이 지켜지지 않는 경우가 많습니다.

2012년 정부는 농장 동물의 복지를 개선하기 위해 '동물 복지 축산 농장 인증제'라는 제도를 도입했습니다. 동물 복지 축산 농장 인증제는 '높은 수준의 동물 복지 기준에 따라 인도적으로 동물을 사육하는 농장에 대해 국가에서 인증하는 제도'를 말합니다. 산란계의 경우 닭 한 마리 당 1.1제곱미터의 방복장을 제공해야 하고, 횃대, 산란 상자, 깔짚이 주어져야 합니다. 강제 환우도 금지하고요. 그러나 동물 복지 인증을 받은 농장이라고 해서 동물 복지가 '완벽히' 보장되는 것은 아닙니다. 부리 다듬기는 카니발리즘이 예상되는 경우 제한적으로 적외선 방법을 사용해 허용하고 있습니다.

돼지는 군사 사육(여러 개체를 하나의 방에 넣고 관리하는 방법)을 해야 하고 마리당 1제곱미터를 제공해야 합니다. 꼬리나 송곳니를 잘라서는 안 되고 분만실은 어미 돼지가 편한 자세로 몸을 뻗어 누울 수 있는 길이여야 합니다. 돼지가 '행복한 삶'을 누리기에 충분한 기준이라고는 할 수 없지만 어쨌든 일반 관행 농가에서보다 조금 나은 삶을 살 수 있는 것은 사실입니다.

다만 문제는 동물 복지 축산 농장이, 정확하게 말하면 동물 복지 축산 농장에서 사는 동물의 숫자가 너무나 적다는 점입니다. 매년 조금씩 증가하고는 있지만 아직 우리나라에서 동물 복지 축산 농장이 전체 축산 농장에서 차지하는 비율은 미미한 수준입니다. 농림축산식품부가 매년 발표하는 '동물 복지 축산 농장 축종별 인증 현황'을 살펴보면 2020년 기준 산란계 농장 168개소, 육계 농장 97개소, 돼지 농장 19개소, 젖소 농장 13개소에 지나지 않습니다. 인증을 받은 돼지 농장은 전체의 0.3%, 젖소 농장은 0.2%에 불과합니다. 그나마 가장 동물 복지 인증이 활성화된 산란계 농장도 인증 농장은 17.9%이지만 사육되는 동물의 개체 수로 볼 때 약 5% 정도가 케이지 밖에서 사육됩니다. 비록 유럽 연합과 미국 일부 주, 호주 등에서 농장 동물 복지 규정을 강화하고 있다고 해도 이런 현실은 해외라고 다르지 않습니다. 국제달걀위원회의 2010년 보고서에 따르면 전 세계 산란계의 85%가 여전히 배터리 케이지에서 사육됩니다.

## 알면 바꿀 수 있다

제가 몸담고 있는 동물 복지를 연구하는 시민 단체인 '동물복지문제연구소 어웨어'에서는 2021년 '농장 동물 복지에 대한 국민 인식 조사'라는 연구를 진행했습니다. 국민 2천 명에게 농장 동물에 대해 얼마나 알고 있는지, 농장 동물의 복지에 대한 견해는 어떤지 알아본 것이죠. 설문 참여자 중 97%가 넘는 사람들이 공장식 축산을 줄여야 한다는 데 동의했습니다. 그런데 공장식 축산에서 농장 동물이 어떻게 길러지는지에 대해서는 전혀 모르는 사람들이 많았습니다. 70%가 넘는 응답자가 산란계 농장에서 병아리의 부리를 자르거나 강제로 털갈이를 하는 사실에 대해 '전혀 들어 본 적 없다'고 답했습니다. 어미 돼지의 스톨 사육에 대해서도 절반에 달하는 사람들이 전혀 들어 본 적이 없다고 답했고요. 우리가 매일 마주하는 '농장 동물'이라는 존재와 얼마나 단절되어 있는지 보여 주는 예라고 하겠습니다.

그런데 이런 사육 관행이 무엇을 의미하는지 설명을 제공하자 대부분의 사람들은 이런 관행들을 금지하거나 바꿔 나가야 한다고 생각하는 것으로 나타났습니다. 현실을 인식하는 것이 변화를 만들 수도 있다는 좋은 신호입니다. 제도도 조금씩 개선되고 있습니다. 2018년 달걀에 대해 '사육환경표시제'가 도입되었습니다. 달걀 껍데기에 달걀이 생산된 환경을 확인할 수 있도록 번호를 표기하는 제도인데, 번호의 마지막 숫자 중 1은 방사, 2는 축사 내 평사(축사

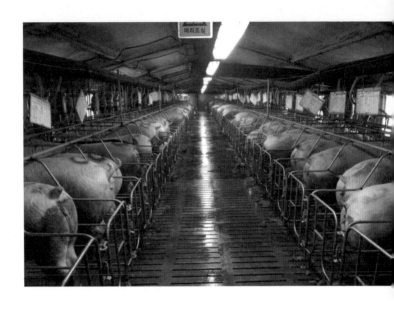

양돈 농가의 임신 돈사에서 사육되는 어미 돼지들.
뒤를 돌아보기도 어려운 분만 틀에서 사육된다.

내에서 이동이 가능한 상태), 3은 개선된 케이지, 4는 배터리 케이지를 의미합니다. 번호를 확인하고 닭이 땅을 밟을 수 있는 환경에서 생산된 달걀을 찾는 사람들이 많아진다면 닭에게 허용되는 것들도 조금씩 늘어날 것입니다.

다만 농장 동물의 복지를 높이는 데는 비용이 발생합니다. 농장 동물들이 사는 환경과 농장에서 동물들을 관리하는 방법을 개선하는 데 드는 비용을 고스란히 농장주들이 떠안기는 어렵기 때문에 동물 복지를 조금이라도 더 고려한 축산물은 가격이 더 비싸지요. 호주머니가 마냥 넉넉하지 않은 대부분의 사람들이 동물을 위해 추가로 비용을 지불하기를 망설이게 되는 것도 어떻게 보면 이해할 수 있습니다. 그렇기 때문에 저는 농장 동물이 어떻게 살고 죽는지에 대해 보다 정확한 정보가 주어지고, 동물 복지의 필요성에 대해서 많은 사람들이 공감하는 것이 중요하다고 생각합니다. 공장식 축산은 가축 전염병 발생으로 사람의 건강과 안전도 위협하고 기후 변화의 주범이기도 합니다. 방역과 살처분에 드는 비용도 결국 우리가 낸 세금으로 충당되고요. 높은 동물 복지 기준을 요구하는 대신 이에 대한 비용은 사회적 책임으로 받아들이고 모두가 나눠진다면 농장 동물의 삶도 조금씩 나아질 것으로 보입니다.

물론 농장 동물의 복지가 높아진다고 동물이 모두 행복해지는 것은 아닙니다. 예를 들어 도축이라는 과정을 볼까요? 농장 동물을 도축할 때는 고통을 최소화하기 위해 지켜야 할 사항들이 있습니다. 의식이 있는 동물의 발이나 다리를 매달아 들어 올리면 안 되고, 동물을 기절시키기 전에 보정(고정하여 움직이지 못하도록 하는 것)해서는 안 되고, 방혈(동물의 피를 빼는 과정)은 완전히 기절한 상태의 동물에 한해 해야 하는 등의 내용입니다. 그런데 실제로 짧은 시간 안에 수많은 동물을 도축해야 하는 도축장에서는 이런 규정들이 준수되지 않는 경우들도 많습니다. 지난 이삼십 년 동안 동물 복지 과학이 발전하고 있지만 도축 과정에 대해서는 큰 성과를 내지 못했다는 지적도 있습니다. 영국 왕립동물학대방지협회RSPCA는 '인도적 도축humane slaughter'의 정의를 '즉사하거나 통증, 고통, 스트레스 없이 죽는 순간까지 의식이 없는 상태'로 정의하는데요, 동물의 이익을 먼저 고려하는 안락사가 아니고서야 도축장에서 스트레스가 전혀 발생하지 않는 방법으로 동물을 죽이는 것은 현실적으로 어렵습니다. 결국 '인도적 도축'이라는 것은 '덜 잔인하게 죽이는 방법' 정도로밖에 해석하지 못할 것 같습니다. 적어도 아직은 그렇습니다. 동물학자인 마크 베코프는 저서 『동물 권리 선언』에서 '바람직한 복지'로는 '충분히 바람직하지 못하다'고 말했는데, 크게 공감되는 말이기도 합니다.

## 비거니즘과 동물권

농장 동물의 복지를 이야기하면(혹은 종류를 불문하고 동물을 보호해야 한다는 주장에 대해) 흔히 되돌아오는 답이 있습니다.

"그렇게 소, 돼지, 닭이 불쌍하면 동물을 먹지 않는 채식주의자가 되세요!"

'비건vegan'이라는 단어를 들어 보셨을 거예요. 식습관을 두고 이야기할 때는 동물성 음식을 엄격히 배제하는 '완전 채식'을 의미합니다. 축산업에서 동물을 관리하는 방식을 반대하기 때문에 채식을 선택하는 사람이 많지만, 윤리적 이유 외에 건강이나 종교 등의 이유로 채식을 선택하기도 합니다. 그런데 '비거니즘veganism'이라는 개념은 현대 사회에서 단순히 '식물만 먹는 식습관'보다 넓은 의미로 사용됩니다. 비건이라는 단어를 처음 사용한 비건 소사이어티라는 국제기구는 비거니즘을 이렇게 정의합니다.

> "음식, 의복, 또는 다른 목적을 위해 모든 방식의 동물에 대한 착취와 학대를 배제하는 것을 추구하는 철학이자 삶의 방식. 동물, 사람, 환경의 이익을 위해서 동물을 사용하지 않는 대체 방식의 개발과 사용을 지지함. 식습관에서는 전체 또는 부분적으로 동물에서 유래한 모든 제품을 사용하지 않는 관행"

가령 채식을 한다고 해도 펫 숍에서 동물을 사거나 동물 학대를 수반한 관광 상품을 이용하는 것을 꺼리지 않는 사람이라면 비거니즘을 실천한다고 말하기는 어렵다는 이야기입니다. 동물의 이용을 배제한 삶을 살고자 노력하는 사람이라면 '동물권animal right'이라는 개념에 동의하는 사람일 확률이 높습니다.

윤리학자 피터 싱어는 1975년 『동물 해방』이라는 책에서 동물도 인간과 마찬가지로 기쁨과 고통을 느끼는 '쾌고감수능력sentience'이 있기 때문에 동물의 도덕적 지위를 인정해야 한다고 주장했습니다. 그리고 인간이 자신이 속한 종이 아니라고 해서 다른 종 동물의 이익을 배척하는 자세를 '종차별주의speciesism'라고 불렀습니다. 노예제가 도덕적으로 문제가 되지 않았던 사회가 있었지만 지금은 비도덕적이라는 것이 명백하듯, 또는 우리가 흑인, 여성, 장애인의 차별을 더 이상 당연시하지 않듯이 종이 다르다는 이유로 동물에게 고통을 주면서 축산 동물로, 실험 동물로, 전시 동물로 이용하는 것이 정당하지 않다는 주장입니다.

그러나 동물의 권리를 인정해야 한다고 해서 인간과 완전히 동일한 권리를 가져야 한다는 뜻은 아닙니다. 싱어는 "평등이라는 기본 원리는 평등한, 또는 동일한 처우를 요구하지 않는다. 단지 평등하게 고려하길 요구할 따름"이라고 썼습니다. 남성이 낙태권을 갖지 못하는 것처럼, 투표를 할 수 없는 동물에게 투표권이 주어져 봤자 무의미하다는 것이지요.

우리나라에서도 최근 '동물권'이라는 단어가 흔히 사용되고 있지만, 이는 동물을 도축하면서 고통을 최소화한다든지, 혹은 특정 종의 동물만 먹지 않거나 우리가 감정적으로 가깝게 느끼는 일부 동물만 더욱 보호하는 것을 의미하지는 않습니다. 모든 동물이 '삶의 주체subject of life'로, 사람의 필요에 의해 이용당하지 않으면서 살아갈 권리를 갖고 있다는 것이 '동물권'의 의미입니다.

## '야생 상태'에 있지 않은
## 야생 동물

이 책의 다른 장을 통해 '야생 동물'이 무엇인지 어느 정도 알게 되셨을 것이라 생각합니다. 산, 들, 강처럼 야생에서 길들여지지 않은 상태로 사는 동물들이지요. 반대로 수 세기에 걸쳐 사람에게 길들여진 상태의 동물을 가축화되었다고 말합니다. 재레드 다이아몬드는 저서 『총·균·쇠』에서 가축화된 동물이란 '인간이 번식과 먹이 공급을 통제하는 동물, 즉 감금 상태에서 인간의 용도에 맞도록 선택적으로 번식시켜 야생 조상으로부터 변화시킨 동물'이라고 말합니다. 동일한 종의 동물이라도 인간에게 더 유용한 특징을 가진 개체를 인위적으로 선택하는 과정을 거치면서 야생의 조상과는 다른 특성을 갖게 된다는 것이지요.

가장 많이 길러지는 개나 양, 염소, 소, 돼지, 말처럼 가축화된 동물의 종은 약 40종에 불과하다는 점을 고려했을 때, 지구상에 존재하는 대다수의 종이 야생 동물입니다. 다만 동물의 숫자를 생각하면 이야기가 좀 다릅니다. 인간과 인간이 기르는 가축 동물의 숫자는 무서운 속도로 증가한 반면, 야생 동물은 인구 증가로 인한 서식지 파괴, 농경지 확대, 기후 변화 등으로 개체 수가 급감하고 있기 때문입니다.

2018년 국제공동연구팀이 〈미국립과학원회보〉에 게재한 연구에 따르면 전 세계 생물 총량을 분석했을 때 가금류는 모든 조류의 70%, 소, 돼지 등 가축은 전체 포유류의 60%를 차지한다고 합니다. 포유류 중 야생에서 서식하는 동물의 비율은 4%에 지나지 않는다고 하니, 지구의 균형이 얼마나 심각한 수준으로 무너지고 있는지 알 수 있습니다.

상황이 이렇다 보니 우리 주위에서 야생 동물을 쉽게 볼 수 없는 것도 이해가 갑니다. 아마 누군가 "야생 동물을 직접 만나 본 적이 있나요?"라고 묻는다면 여러분은 어떻게 대답하시겠어요? 아마 많은 사람들은 고개를 끄덕일 것입니다. 도심에서도 하늘을 나는 참새와 까치를 쉽게 볼 수 있으니까요. "야생 동물 중 포유류를 본 적이 있나요?"라는 질문에는 고개를 갸우뚱할 사람도 있을 것 같습니다. '자연에서 자유로운 상태에 있는 야생 동물'을 말하는 것이라면 어쩌면 본 적이 없다고 답하는 사람도 있을지 모르겠습니다. 고개를 갸우뚱한 사람이라면 아마 이렇게 묻고 싶을 것입니다. "동물원에서 본 사자도 야생 동물에 해당되나요?"

이 글에서는 동물이 어디에 있든, 동물이 사는 장소와 상태를 불문하고 가축화되지 않은 야생 종wildlife species 동물을 '야생 동물'이라고 부르겠습니다. 그리고 야생에 있지 않은 야생 동물, '갇혀 있는captive 상태'의 야생 동물에 대한 이야기를 해 보겠습니다.

## 동물원, 과연 동물의 멸종을 막기 위한 노아의 방주일까?

많은 사람들이 야생 동물을 쉽게 만날 수 있는 곳 중 하나는 동물원입니다. 우리가 아는 동물원의 역사는 200여 년 전으로 거슬러 올라갑니다. 훨씬 이전에도 동서양을 막론하고 왕족이 부와 권력을 과시하기 위해 야생 동물을 수집해 기르는 관행이 있었지만, 시민들이 관람할 목적은 아니었어요. 최초의 동물원으로 알려진 곳은 오스트리아의 쇤부른 동물원입니다. 1752년 쇤브룬궁 안에 왕족의 관상용으로 야생 동물을 수집해 기르던 시설이 1779년부터 시민들에게 개방되었습니다. 1828년 영국 런던동물학회가 리젠트 파크에 세운 런던 동물원은 전시, 관람만의 목적이 아닌 동물학의 연구를 목적으로 천명하며 설립된 최초의 동물원이라는 평가를 받습니다. 동물원의 명칭 zoo도 '런던 주올로지컬(동물학) 파크London Zoological Park'라는 런던 동물원 이름에서 유래되었다는 점에서 역사적 의미가 있습니다.

동물원은 서식지와 습성이 다른 수많은 종의 동물들을 한 장소에 모아 놓고 제한된 공간에서 기른다는 점에서 본질적으로 동물 복지에 문제가 발생할 수밖에 없습니다. 동물이 '정상적이고 자연스러운 행동을 보일 수 있는지'가 동물 복지의 중요한 판단 기준이라는 점을 고려하면 더욱 그렇습니다. 세월이 지나면서 보다 서식지에 가까운 환경을 재현하는 기술은 발달했지만, 동물의 유전자 안에 깊게 뿌리박힌 야생 동물로서의 습성을 완전히 나타낼 수 있는 환경을 만드는 것은 많은 경우 불가능합니다.

한 예로, 코끼리는 무리 생활을 하면서 모였다 헤어졌다 하는 '이합집산'을 하며 복잡한 사회적 관계를 맺고 살아가지만, 어떤 동물원에서도 이합집산이 가능할 정도로 큰 무리를 형성하는 것은 불가능합니다. 코끼리 외에도 유인원, 고래류, 늑대 등 대부분의 야생 동물들이 동물원에서 생물학적, 행동적 요구를 충족하기 어렵습니다. 생태적 습성이 제약된 환경에서 받는 신체적, 정신적 스트레스가 동물의 복지를 저하시키는 것은 여러 지표로 확인할 수 있습니다. 그중 대표적인 것이 정형 행동으로, 이유 없이 같은 행동을 반복하는 것을 말합니다. 이 외에도 무기력증, 자해 행동 등 이상 행동을 보이거나 건강에 이상이 생기는 동물들을 동물원에서 흔하게 볼 수 있습니다.

1970년대부터 사람이 동물을 대우하는 방법에 대한 성찰이 깊어지면서 "사람이 관람하기 위해 야생 동물을 동물원에 가두는 것이 정당한지"에 대해 의문을 갖는 사람들이 늘어납니다. 그래서 동물원은 스스로 '생물 다양성 보전과 교육'이라는 명분을 찾게 되지요. 마치 노아의 방주처럼 멸종 위기에 처한 동물을 동물원에서 증식해 보호하고, 동

대구의 한 공영 동물원에서 사육되는 수컷 아시아코끼리.
콘크리트 바닥은 코끼리의 발 건강에 치명적인 영향을 미침에도 불구하고
발 관리를 위한 시설은 마련되어 있지 않다.
선택할 수 있는 것이라고는 한 가지도 없는 환경이다.

물원을 찾는 사람들에게는 야생 동물을 보여 줌으로써 자연 서식지를 보호해야 한다는 인식을 심어 준다는 것이죠. 해외 동물원 중에는 교육 프로그램 개발에 공을 들이거나, 시민 과학 프로그램을 운영하며 시민들과 지역에 서식하는 동물들을 보호하는 활동을 하는 경우도 있습니다. 그러나 아직도 많은 관람객들은 교육보다 여가를 즐기기 위해 동물원을 방문합니다.

동물원에 따라 큰 차이가 있지만, 보전에 나름의 노력을 기울이는 곳들도 있습니다. 어떤 동물원들은 서식지에서의 보전 활동에 직접 참여하고 예산을 투자하기도 합니다. 자연 상태에서 개체 수가 줄어드는 동물을 동물원에서 증식해서 자연으로 내보내는 사례도 있습니다. 이런 활동을 '재도입reintroduction'이라고 합니다. 미국 서부에 서식하는 캘리포니아콘도르의 경우 1980년대 개체 수가 급감하면서 동물원들이 나서서 새들을 포획해 인공적으로 증식해 야생에 방사한 결과 개체 수가 회복되는 효과가 있었습니다. 브라질의 황금사자타마린, 미국의 검은발족제비 등이 대표적인 사례입니다. 최근에는 항아리곰팡이병으로 양서류 동물들이 멸종 위기에 처하면서 동물원들이 개구리 같은 양서류 동물의 재도입을 시도하는 추세이기도 합니다.

그러나 야생 동물을 가두어 기르는 것을 정당화할 수 있을 정도로 동물원이 보전에 기여하고 있는지는 의문입니다. 동물원에서 전시되는 종은 수없이 많지만 재도입이 시도되었거나 성공한 종은 위에서 언급한 것처럼 손에 꼽을 정도라는 사실이 그 한계를 증명하는 것일 수도 있지요. 수많은 동물원에서 오랜 시간 동안 코끼리를 길러 왔지만 동물원에서 태어나 야생으로 돌아간 코끼리는 지금까지 단 한 마리도 없습니다. 야생 코끼리의 숫자를 회복하는 데도 아무 기여를 하지 못했지요.

오히려 2019년에 짐바브웨는 야생에서 포획한 아프리카코끼리 90마리를 중국과 두바이의 동물원에 팔아 국제적인 논란이 되었습니다. 가난한 아프리카 국가들은 야생 동물을 재원으로 사용하고 싶어 하고, 사람들은 아직도 야생 동물을 동물원에서 보고 싶어 하기 때문에 발생하는 비극입니다. 영국의 동물 보호 단체인 본프리재단Born Free Foundation이 영국의 비교적 우수한 동물원들의 연합인 '기부 가능한 동물원 연합' 소속 동물원을 대상으로 조사한 결과, 동물원의 연간 수익 중 보전에 사용되는 예산은 전체의 10%가 되지 않는다고 합니다. 동물원이 정말 동물의 멸종을 막기 위한 '노아의 방주' 역할을 하고 있는지 되물어야 하는 대목이기도 합니다.

## 야생 동물과의
## 생태적 거리 두기

그런가 하면 동물원보다 더 가까이서 야생 동물과 매일 접촉하며 생활하는 사람들도 있습니다. 혹시 타잔처럼 밀림에 들어가서 사는 사람이냐고요? 아닙니다. 가정에서 애완이나 관상용으로, 또는 반려 목적으로 야생 동물을 기르는 경우들을 말합니다. 도마뱀이나 뱀, 거북 같은 파충류부터 앵무새 등 조류, 슈가글라이더 같은 포유류 동물까지 수많은 종의 야생 동물이 '이색 애완동물' 또는 '희귀 애완동물'이라는 이름으로 길러집니다. 방송이나 인터넷 매체에서는 우리 주위에서 흔히 볼 수 없는 종 동물을 집에서 키우는 것을 신기하고 매력적으로 표현해 호기심을 자극합니다.

얼핏 생각하기에 멋지고 다양한 여러 종의 동물들을

기르면서 교감을 나누는 것은 아름다운 일처럼 느껴질 수도 있습니다. 도마뱀처럼 크기가 작고 소리도 내지 않고 움직임이 적은 동물은 왠지 개나 고양이처럼 손이 많이 가지 않을 것 같아 "나도 한번 키워 볼까?" 하는 생각이 들 수도 있고요. 그런데 문제는 사람 옆에 살도록 진화한 개와는 달리 가축화되지 않은 종의 동물들은 사람과 교감하거나 가까이 있는 것이 편안하게 느껴지도록 진화하지 않았다는 점입니다. '반려동물'의 의미를 '서로 정서적으로 의지하며 더불어 살아가는 동물'로 정의했을 때, 야생 동물은 사람을 '반려자'라고 느끼지 않습니다. 오히려 사람이 기르게 될 때까지 포획, 이동, 유통, 사육 등 전 과정에서 많은 문제들이 발생합니다.

아름다운 회색빛 털로 인기 있는 회색앵무는 아프리카에 서식하는데, 애완동물로 인기를 얻으면서 야생에서 무분별하게 포획되기 때문에 매년 개체 수가 20% 이상 감소하고 있다고 합니다. 포획되고 운송, 계류되는 과정에서 부상을 당하거나 스트레스로 죽는 경우도 많기 때문에 콩고 공화국에서는 외국으로 수출되기 위해 검역 과정을 거치기도 전에 죽는 회색앵무가 65%에 달합니다. 미국 브롱크스 동물원의 조류사 앞에는 앵무새 한 마리가 애완용으로 사육되기 위해 얼마나 많은 수의 야생 앵무새가 희생되어야 하는지에 대한 안내판이 붙어 있습니다.

야생 동물은 서식지에서 생활하기에 최적화된 상태로 진화했지만, 가정에서 서식지와 조금이라도 유사한 환경을 만들기는 어렵습니다. 회색앵무는 야생에서 하루에 10킬로미터 이상 비행하는 습성이 있지만 실내에서 비행하게 되면 부상의 위험이 있습니다. 그래서 사육되는 새는 비행 능력을 없애기 위해 대부분 속 날개 깃털을 자릅니다. 이를 '윙컷'이라고 부릅니다. 단지 사람이 가까이 있고 싶다고 해서, 날갯짓을 해 봐도 날 수 없는 삶을 강요당하는 것이 행복한 삶인지 앵무새의 입장에서 생각해 볼 필요가 있습니다.

야생 동물을 기르고 싶은 욕망은 비극적인 결과를 가져오기도 합니다. 아무리 오랫동안 사람과 살도록 길들인다고 해도 야생 동물의 본능은 지워지지 않습니다. 2009년 미국 코네티컷주에서 샌드라라는 이름의 여성이 새끼 때부터 14년 동안 애완용으로 기르던 침팬지가 샌드라의 친구를 공격하는 사건이 있었습니다. 공격당한 샌드라의 친구 샤를라는 샌드라가 집을 비운 동안 그의 부탁으로 침팬지

청계천 야생 동물 판매업소에 진열된 회색앵무.
국제적 멸종 위기종 1급에 속하는 동물이다.

'트래비스'를 우리에 넣으려고 찾아갔고, 침팬지에게 얼굴 전체와 손을 물어 뜯겨 잃게 되었습니다. 아무리 오랜 시간 동안 사육 상태에서 길들여진 동물이라고 해도 야생 동물은 야생성을 갖고 있으며 공격이나 방어 행동 등에 대한 예측이 불가능합니다. 마치 스위치가 켜지는 것처럼, 동물 속에 내재되어 있던 야생성이 돌발적으로 표출되면 가까이 있는 사람에게 큰 위험이 됩니다.

해외 주요 국가들은 무분별한 야생 동물 사육이 동물 복지와 공중 보건, 생물 다양성에 미치는 악영향을 방지하기 위해 규제를 마련하고 있습니다. 벨기에, 네덜란드 등 유럽 국가에 도입되고 있는 제도 중 하나는 바로 '백색 목록 positive list' 제도인데, 개인이 기르기에 동물 복지가 훼손되지 않고 안전하며 생태계로 유출되어도 교란 위험이 적은 종 동물을 법으로 지정하는 제도입니다. 벨기에의 경우 포유류는 가축화된 동물과 야생 동물을 포함해 총 42종이 백색 목록에 등재되어 있습니다. 우리나라는 국제적 멸종 위기종 등 극히 일부 종을 제외하고는 개인이 야생 동물을 기르고, 번식시키고, 파는 것에 대한 규제가 거의 없는 상황이었지만 최근 백색 목록 제도를 도입하기 위해 법을 개

브롱크스 동물원 앵무새 모형

브롱크스 동물원 앵무새 새장 앞의 안내판.
앵무새 한 마리를 애완용으로 사육하기 위해
얼마나 많은 야생 앵무새가 희생되는지에 대한 정보를 제공한다.

정하는 수순을 밟고 있습니다.

TV 방송이나 인터넷 매체에서는 야생 동물을 반려동물로 기르는 것을 신기하고 재미있는 일로 포장하곤 합니다. 그러나 이 동물들이 습성대로 살기 위해서 무엇이 필요하며 어떤 조건이 필요한지에 대해서는 말하지 않습니다. 동물과 사람 사이에는 여러 관계가 존재합니다. 야생 동물을 가까이서 보거나, 먹이를 주거나, 함께 사는 것은 '교감'이 아닙니다. 야생 동물과의 가장 바람직한 관계는 다양한 종의 동물들이 서식지에서 오랫동안 대를 잇고 안전하게 살 수 있도록 배려하고 존중하는 것입니다. 어쩌면 이런 관계를 '야생 동물과의 생태적 거리 두기'라고 부를 수도 있을 것 같습니다.

## 해마다 늘고 있는
## 우리나라의 동물 실험

"목이 고정 틀에 고정된 토끼들이 줄지어 늘어서 있습니다. 토끼들의 눈에는 몇 시간 간격으로 화학 물질이 주입됩니다. 사람의 눈과는 달리 토끼의 눈에서는 주입

된 이물질을 씻어 낼 수 있는 눈물이 충분히 분비되지 않습니다. 눈이 타 들어가는 고통을 이겨 내고 생존한 토끼들이라 해도 결국 안락사 되고, 안구는 적출되어 약물에 대한 반응을 관찰하는 용도로 사용됩니다."

영화의 한 장면이 아닙니다. 우리가 일상생활에서 쓰는 샴푸나 마스카라를 생산하기 위해 거쳤던 과정입니다. '드레이즈 테스트Draize Test'라고 불리는 이 실험은 화장품이 눈에 들어갔을 때 안점막을 자극하는 정도를 보기 위한 실험이었습니다. 다행스럽게도 지금은 이런 실험을 할 필요가 없습니다. 살아 있는 토끼 대신 부화가 덜 된 유정란이 든 시험관에 약물을 떨어뜨리고 혈관의 반응을 관찰하는 HET-CAM 테스트로 대체할 수 있게 되었기 때문입니다.

사람의 몸에 직접 바르는 화장품이 인체에 무해한지를 검증하는 일은 꼭 필요하지만 그러기 위해 이제 동물을 사용할 필요는 없어졌습니다. 동물을 사용하지 않고도 안전성을 검증할 수 있는 실험법이 존재하기 때문인데, 이를 '동물대체시험법Alternative Testing Method'이라고 합니다. 화장품 원료가 피부를 자극하는 정도를 알아보기 위해 과거에는 털을 민 토끼나 기니피그의 피부에 화학 약품을 바르는 방법이 쓰였지만, 이제는 시험관에 배양된 인간의 피부 세포를 사용해 약품에 대한 동물 피부의 반응이 아닌 사람 피부의 반응 정도를 가늠해 볼 수 있습니다.

또한 이미 예전에 동물 실험 혹은 비동물 실험을 거쳐 안전성이 검증된 원료만 해도 수만 가지에 이릅니다. 국제화장품원료집ICID에 등록된 화장품 원료만도 약 2만 5천 개에 달하기 때문에, 이미 검증을 거친 원료만 다양하게 배합해도 충분히 성능이 좋은 제품을 생산할 수 있습니다. 그래서 유럽 연합은 2003년부터 처음에는 완제품에 대한 실험, 그다음에는 원료에 대한 실험 등 단계적인 순서를 거쳐 2013년 화장품 동물 실험을 전면 금지했습니다. 2006년에는 크로아티아가, 2013년에는 이스라엘이, 2014년에는 인도가 화장품 실험을 금지했습니다.

저는 2012년경부터 화장품 동물 실험을 법으로 금지하기 위한 활동을 했습니다. 몇 년 동안 화장품 업계, 과학계, 정부, 국회, 소비자 단체 등 이해관계자들과 논의와 협상을 계속한 끝에 2015년 우리나라도 화장품에 대한 동물 실험을 금지하는 국가의 대열에 합류했습니다. 제가 한 활동 중 가장 보람을 느끼는 성과 중 하나이기도 합니다.

그러나 안타까운 소식은 대안이 존재하기 때문에 중단이 가능하다고 인정되는 동물 실험은 아직 일부에 불과하다는 것입니다. 동물을 실험에 사용하는 목적은 다양합니다. 의약품과 질병 치료법을 연구하기 위해 사용하기도 하고, 교육 과정에도 사용됩니다. 사람뿐 아니라 동물의 질병을 치료할 방법을 찾기 위해서도 동물 실험을 사용합니다. 가장 많이 사용되는 동물은 쥐, 기니피그 등 설치류이고, 개, 고양이, 소, 돼지, 토끼, 침팬지 같은 영장류부터 조류, 파충류, 어류까지 다양한 동물이 사용됩니다. 우리나라의 동물 실험은 해마다 증가하고 있는데, 2021년 실험에 사용된 동물은 488만 마리입니다. 하루 평균 1만 3천 마리가 넘는 동물이 실험에 쓰였다고 보면 되겠습니다. 전 세계에서 실험에 사용되는 동물의 규모를 정확하게 집계하기는 어렵습니다. 제가 몸담았던 국제기구인 크루얼티 프리 인터내셔널의 집계에 따르면 2015년 기준 전 세계에서 동물 실험에 사용된 동물의 숫자는 1억 9,210마리입니다.

## 동물 실험의 3R 원칙

1959년 영국의 학자 러셀과 버치는 실험에 사용되는 동물을 보다 윤리적으로 대우하기 위해 동물 실험의 3R 원칙을 제안합니다. 가능하다면 동물을 사용하지 않는 방법으로 대체Replacement하고, 실험에 사용되는 동물의 숫자를 줄이고Reduction, 동물의 고통을 완화Refinement해야 한다는 원칙입니다. 화장품 동물 실험을 금지하는 추세가 '대체'의 좋은 예시입니다.

동물 실험이 3R 원칙을 지켜 수행되도록 각국에서는 동물 실험을 규제하는 제도를 시행하고 있습니다. 그중 하나가 '동물실험윤리위원회IACUC' 제도인데, 동물 실험을 수행하는 기관은 위원회를 설치하고, 동물 실험을 하려는 사람은 이 실험이 꼭 필요한 실험인지, 실험 방법이 3R 원칙에 입각해 설계되었는지를 위원회의 심의를 받도록 의무화하는 제도입니다. 우리나라도 동물보호법과 실험동물에 관한 법률에서 동물 실험을 하는 기관은 '동물실험윤리위원회'를 설치하도록 의무화하고 심의를 거친 동물 실험만 허용하는 제도를 운용하고 있습니다.

실험동물의 복지를 위해 활동한 경험을 한 가지 더 예를 들어 보겠습니다. "비글에게 자유를 허하라!" 2017년 국회에서 동물 실험에 대한 정책 토론회를 개최하면서, 저는 토론회의 제목을 이렇게 지었습니다. 동물 실험에 사용되었지만 건강에 아무 문제가 없거나 정상적으로 회복한 동물들도 있는데, 이 동물들을 어떻게 처리해야 한다는 규정이 없기 때문에 안락사 되는 현실을 개선하는 법안을 마련하기 위한 토론회였습니다. 왜 비글이냐고요? 사람을 잘 따르는 성격 때문에 개를 사용하는 실험에 가장 많이 쓰이는 품종이기 때문입니다.

이듬해 "동물 실험을 한 자는 그 실험이 끝난 후 지체 없이 해당 동물을 검사하여야 하며, 검사 결과 정상적으로 회복한 동물은 분양하거나 기증할 수 있다"는 조항이 동물보호법에 신설되었습니다. 사람의 필요에 의해 실험에 사용되는 희생을 감내한 동물이라면 남은 생은 반려동물로 편안하게 살 수 있는 보상이 주어지는 것이 바람직합니다. 이러한 조치는 3R 원칙 중 '완화'에 속한다고 할 수 있습니다. 그러나 실험 후 회복된 동물이라고 해서 모두 제2의 삶을 살 수 있는 것은 아닙니다. 법이 시행되고 나서 실험이 끝난 비글들을 입양 보낼 방법을 물색하는 실험 기관이 조금씩 늘어나고는 있지만, 아직도 우리나라에서 실험실 밖으로 살아서 나오는 개의 숫자는 1%가 채 되지 않습니다.

동물 실험이 '인류의 생명과 건강을 위해서는 어쩔 수 없다'는 의견과 '동물을 모델로 사용하는 실험의 효과는 미미하며 윤리적으로도 정당하지 않다'는 의견의 대립은 오랫동안 있어 왔으며 아마 앞으로도 계속될 것입니다. 지금까지 개발된 많은 의약품이 동물 실험을 거쳐 개발된 사례를 들며 중단할 수 없는 '필요악'이라고 주장하는 사람들도 있습니다. 반면 앞서 언급한 마크 베코프는 "오늘날 진행 중인 모든 동물 연구가 마찬가지로 '성공적'이라고 할지라도 사람의 평균 수명을 고작 1년 더 늘리기 위해 동물 실험이 일으키는 죽음과 고통이 과연 그만한 가치가 있는지 우리는 반문해야 한다"고 했습니다.

동물의 이용을 반대하는 '비거니즘'을 실천하는 사람이라고 해도 현실적으로 동물 실험을 완전히 배제한 삶을 사는 것이 지금 당장 어려운 것은 사실입니다. 코로나19의 확산을 막기 위해 우리나라 인구의 80% 이상이 접종한 코로나19 백신만 해도 동물 실험을 거쳐 개발된 것이니까요. 그러나 반복적, 관행적으로 이루어지거나 정당성을 찾기 어려운 불필요한 실험, 이미 대안이 있는 실험은 줄이는 것이 마땅합니다. 또한 동물을 사용하지 않으면서도 과학적이고 객관적인 실험 방법을 개발하고 실용화하기 위한 노력이 이루어지는 것이 중요합니다. 사람과 마찬가지로 토끼나 쥐에게도 고통과 통증을 피하고 싶은 본능이 있으니까요.

너무 많은 동물이, 너무 넓은 범위에서, 너무 빠른 속도로 사용되는 현대 사회에서는 동물 복지의 이론적 정의와 현실 간의 큰 괴리가 발생합니다. 사실 극도의 학대만 모면해도 다행스러운 삶을 사는 동물들이 대부분입니다. 저는 동물 복지든, 동물권이든, 철학적 논쟁보다 중요한 것이 '사람의 책임'이라고 생각합니다. 동물이 동물답게 살 수 없는 환경에 몰아넣은 것이 사람이라면 이를 바로잡는 것역시 사람이 해야 할 일이니까요. 무엇보다 중요한 것은 보다 많은 사람들이 동물이 처한 현실을 정확하게 인지하는 것입니다. 물론 하루아침에 할 수 있는 일은 아니지만, 동물이 부당한 고통을 겪지 않고 '살 만한 삶life worth living'을 살 수 있는 세상을 만들기 위해 계속해서 노력해 나가는 것이 우리의 책임 아닐까요.

에코 라이프 01
# 동물에게 **권리가** 있는 이유

**초판 1쇄 발행** 2022년 7월 15일
**초판 2쇄 발행** 2022년 12월 30일

**지은이** 김지숙, 고경원, 김산하, 김나연, 이형주
**표지 일러스트** 오승민
**펴낸이** 이수미
**편집** 이해선
**디자인** 소요 이경란
**마케팅** 김영란

**종이** 세종페이퍼  **인쇄** 두성피엔엘  **유통** 신영북스

**펴낸곳** 나무를 심는 사람들
**출판신고** 2013년 1월 7일 제2013-000004호
**주소** 서울시 용산구 서빙고로 35 103동 804호
**전화** 02-3141-2233  **팩스** 02-3141-2257
**이메일** nasimsabooks@naver.com
**블로그** blog.naver.com/nasimsabooks

© 김지숙, 고경원, 김산하, 김나연, 이형주 2022
ISBN 979-11-90275-73-6 (44300)
      979-11-90275-72-9(세트)

**61쪽 도판:** 본 저작물은 국립중앙박물관에서 공공누리 제1유형으로 개방한 〈傳 趙之耘 筆 柳下猫圖〉(소장 품번호: 덕수1415)을 이용하였으며, 해당 저작물은 국립중앙박물관 홈페이지(www.museum.go.kr)에서 무료로 다운로드할 수 있습니다.